石黒マリーローズ 著

聖書でわかる英語表現

岩波新書

906

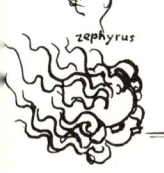

はじめに

みなさんは聖書に登場するアダムとイブ(エバ)のことをご存じだと思いますが，"to Adam and Eve it"という英語の表現を耳にしたことがあるでしょうか．

2003年1月21日の英国の新聞タイムズ紙(*The Times*)に，"A Senile God? Who would Adam and Eve It?"という見出しがありました．senile は「老衰した」という意味で，a senile God は「老衰した神」ということになります．どこかおかしいですね．神が老衰するはずはありませんから．

実は，Eve(イブ)のつづりは believe(信じる)という語の終わりの3文字と韻を踏んでいるので，"Who would Adam and Eve it?" は "Who would believe it?" (誰が信じますか？)という意味を表すスラングとして使われているのです．つまり，この見出しは "A Senile God? Who would believe it?" は，「老衰した神？誰がそんなことを信じますか？(＝そんなことはとても信じられませんね)」と言っていることになります．他にも，"I don't Adam and Eve it (＝I don't believe it)" "Can you Adam and Eve it? (＝Can you believe it?)" のような表現があります．

このように，聖書とそれにかかわる事柄は，英語の中に頻繁に登場します．本書は，神とその手紙は決して過

去のものになることがなく，常に私たちが住んでおり，また次の世代の人々も住むこの現代の世界の一部であるということを，みなさんにお伝えするためのものです．「神の手紙」とは，「聖書」のことです．英語圏では，日常生活だけでなく，映画や小説，ニュースの中にも，頻繁に聖書の言葉が登場します．

アカデミー賞も受賞した映画監督ニール・ジョーダンの最近の作品に，*The Good Thief* というのがあります．thief は「泥棒」なので，文字通りには「よい泥棒」または「上手な泥棒」となります．でも，英語圏ではこのタイトルを見た人はみな，聖書を連想します．それは，「ルカによる福音書」に登場する，改心した泥棒のことです．

イエス・キリストが十字架にかけられたとき，左右に一人ずつ，犯罪者が同じように十字架にかけられました．そのうちひとりが「おまえが救世主なら，自分自身とわれわれを救ってみろ」とイエスをののしりましたが，good thief のほうは，「われわれは自分のやったことの報いを受けているのだが，この方は何も悪いことをしていない」とイエスを弁護しました．するとイエスは，その泥棒は自分とともに天国に行くだろうと約束したのです．このことを知っているのと知らないのでは，映画のタイトルを見たときに理解できることが，大きく違ってくるでしょう．

西洋の文化において，このように聖書の言葉が登場す

はじめに

るのは，珍しいことではありません．外国のことを理解するには，英語やフランス語，スペイン語と数多くの言語を学ぶばかりでなく，同時に，聖書を読んで，それが西洋諸国の日常生活にどうかかわっているかを知ることが大切です．

ある人が，「象はどうやって食べるの？」と聞かれて，こう答えました「一口ずつ(one bite at a time)」．もちろんこれはジョークで，「大きな仕事を片付けるときは，少しずつやるのがいい」というような意味です．

今日の私たちは衛星放送を通じて世界につながっていて，さまざまな国のニュースを見聞きすることができます．そんなニュースを理解し，味わうための鍵が聖書の言葉であり，それを知ることで，英語がさらに一層面白くよく理解できるようになるはずです．私たちも象を一口ずつ食べるように，聖書の言葉に少しずつ親しんでみましょう．

目　次

はじめに

I　ニュース英語にみる聖書の表現 …………… 1
1. 手を洗うピラト　Wash one's hands of…　2
2. 神は私の助け
    God is my help / so help you God　7
3. ダビデとゴリアト　David beats Goliath　12
4. イエスの最後の血杯　Holy Grail / Cup　17
5. 邪悪な視線　Evil Eye　24
6. 金の子牛　Golden calf　30
7. 正体を現すサロメ　The unveiling of Salome　36
8. ハルマゲドン　Armageddon　42
9. 狂信者たち　Zealot　48
10. 神はそれを良しとされた　It was good.　54
11. 神への感謝　Blessing / Thank God　60
12. 棕櫚の日曜日　Palm Sunday　66

II　暮らしのなかのキリスト教英語 ………… 73
　　　――行事と慣習――
1. 天使祝詞　Hail Mary　74
2. クリスマス　Christmas / Noel　80
3. 3人の博士と公現祭　Epiphany　86

4 騒然とした聖金曜日
        A Turbulent Good Friday   91
  5 聖週間と復活祭 Holy Week and Easter   97
  6 聖霊降臨祭 Pentecost   104
  7 諸聖人の祝日の前夜 Halloween   110
  8 連禱, イコン Litany, Icon   116
  9 罪・告解・わがあやまち
        Sin, Confession, Mea Culpa   122
 10 7つの秘跡 Sacraments   128
 11 悪魔・悪鬼・魔王 Devil, Demon, Satan   136
 12 天国と天使 Heaven and Angels   142

Ⅲ 聖書を読めば英語はもっと身近に ……149
    ——創世記から黙示録まで——

  1 創世記 Genesis   150
  2 過越の祭(出エジプト記) Passover (Exodus)   156
  3 贖罪の山羊(レビ記) Scapegoat (Leviticus)   161
  4 石打ちの刑(申命記)
        Casting Stones (Deuteronomy)   167
  5 預言の書 Prophetic Books   172
  6 箴言―詩編 Proverbs―Psalms   177
  7 福音書 Gospel   182
  8 説教 Sermon   187
  9 たとえ話 Parables   191
 10 パンを裂くこと(使徒言行録)
        Breaking Bread (Acts)   197
 11 手紙 Letters   203

12 黙示録
　　Revelation, The Apocalypse, Apocalypse of John　209

付録1：キリスト教の主な祝祭日　214
付録2：ユダヤ教の主な祝祭日　234
付録3：英語表現索引　237

あとがき　241

本書の第Ⅰ章は,『English Network』の連載「石黒マリーローズのニュース英語のレトリック——日本人の盲点」(アルク, 2000年4月～2001年3月), 第Ⅱ章は『英語教育』の連載「現代の西欧文化に生きるキリスト教」(大修館書店, 2001年4月～2002年3月)をもとにしました.

I
ニュース英語にみる聖書の表現

レバノン，メタイレブの聖フランシスコ教会の枝(棕櫚)の主日の祭壇の飾り(筆者の母ジャネット・アブデル・ジャリル撮影)

ニュースの英語で使われる表現の中には，英語圏の人なら誰でも知っている背景を持ち，行間にさまざまなメッセージを含んでいるものがあります．そして，そのようなメッセージが日本人に伝わりにくい大きな原因のひとつに，日本人にとってなじみの薄いキリスト教文化の存在があります．この章では，キリスト教や聖書にちなんだ表現について，日常のニュースなどから例を取り上げて解説していきます．

1　手を洗うピラト　Wash one's hands of…

大物政治家の献金スキャンダル

　たとえば，"Wash ones hands of…" という表現があります．この表現は，イギリス保守党の大物政治家ニール・ハミルトン氏の献金スキャンダルをめぐる，20世紀最後の一大裁判を報じた，1999年12月21日付BBCのトップ・ニュースで使われていました．同氏がパリのホテル・リッツの6泊分の支払いをモハメド・アル・ファイド氏に請求したことが陪審に示されたこと，ただし裁判長は，これはどちらかというとたかりの証拠であって汚職の証拠ではない (sponging rather than corruption)と考えている，ということを伝えた上で，次のように述べています．

> But his former parliamentary colleagues were still washing their hands of Neil Hamilton tonight.
>
> (しかし，今夜，かつての同僚たちはいまだにニール・ハミルトン氏と関係を断っていました．)

また，タイムズ紙にも，次のような一節がありました．

> Michael Ancram, the Conservative chairman, publicly washed his hands of Mr. Hamilton and signaled his permanent exile from the party he represented for 14 years.
>
> (保守党のマイケル・アンクラム委員長は，公式にハミルトン氏との関係を断ち，ハミルトン氏を同氏が14年間代表してきた保守党から永久追放することを示唆しました．)

さて，辞書には wash one's hands of…(…との関係を断つ，手を引く) とあり，上記の英文もそれでひと通りの意味は理解できるはずです．けれども，実はそれだけでは十分とは言えません．

そのことを解説する前に，まずこの表現が使われた事件について，ざっと事実関係を整理しましょう．

まず，モハメド・アル・ファイド氏は，ダイアナ元皇太子妃と悲劇的な事故死を遂げたドディ・アル・ファイド氏の父親であり，ロンドンを本拠とするデパート，ハロッズのオーナーでもあります．

この事件の発端は1994年10月にさかのぼります。イギリスの新聞，ガーディアン紙(*The Guardian*)が，保守党議員がハロッズからわいろを受け取り，議会でハロッズに都合のよい質問を行った，と報じました。直後にハミルトン氏は同紙に対し，名誉毀損の訴訟を起こします(96年9月に取り下げ)。その後，97年1月にテレビ局のチャンネル4で，アル・ファイド氏がハミルトン氏に現金や贈り物を渡したと発言，同年5月の総選挙で落選したハミルトン氏は，翌98年1月に再びアル・ファイド氏との対決を宣言します。そして，99年11月から名誉毀損の裁判が開始され，12月に結審，ハミルトン氏の敗訴が確定しました。先のふたつの英文は，ハミルトン氏の周囲の人々の，氏への対応ぶりを伝えています。

聖書の中のピラトの物語

さて，ニュースの背景が分かったところで，今度は表現の背景を知るために，約2000年ほど時をさかのぼり，ローマ帝国支配下の中東に場所を移しましょう。現在のイスラエルがある地域は，ポンティオ・ピラトというローマの総督が治めていました。Wash one's hands of は，このピラトにちなむ表現として，聖書に書かれています。

当地の祭司長たちや民の長老たちは，イエスをねたみ，ユダの裏切りもあってイエスを捕らえ，総督ピラトに引き渡しました。その日は，ユダヤ教の重要な祭の日でした。ピラトは祭のたびごとに囚人をひとり釈放すること

にしており，イエスの逮捕はねたみからだと分かっていたので，「釈放してほしいのはバラバ・イエス(悪名高い同じイエスという名の殺人囚)か，それともメシアと呼ばれるイエスか」とあえて民衆に問いかけます．すでに長老たちに説得されていた民衆は，「バラバを！」と叫び，イエスを十字架に磔(はりつけ)にするよう要求します．ピラトは「いったいこの人がどんな悪事を働いたというのか」と言ってはみたものの，拒否すれば暴動が起きかねないほど民衆がいきりたっていたため，水を持ってこさせ，手を洗い(washed his hands)，「この人の血について私には責任がない．これはおまえたちの問題だ」と言ったのでした．そしてバラバを釈放し，イエスを彼らに引き渡しました．

　これは『新約聖書』の「マタイによる福音書」27章第1節から26節(以下，27：1-26のように表記します)[マルコによる福音書 15：1-20]，[ルカによる福音書 23：1-25]，[ヨハネによる福音書 18：28-40と19：1-16]に載っていて，キリスト教文化圏では大変有名な話です．この話を知っていれば，Wash one's hands of という表現を聞いたとき，ピラトや民衆の持っていたような人間の弱さを，より明確に思い浮かべることができるでしょう．ちなみに映画『ベン・ハー』にもピラトが手を洗うシーンがあります．

背景を知ってニュースを読む

さて、こうした背景を知った上で、先に挙げた BBC のニュースやタイムズ紙の英文を読むと、ハミルトン氏のかつての議会の同僚や保守党委員長に、総督ピラトのイメージが重なってきませんか。すると、BBC やタイムズ紙の行間にこめられたメッセージが鮮やかに浮かび上がってくるはずです。

さらに、もうひとつ別の例を挙げましょう。「伝えられるところによれば、オルブライト氏はひとつの選択肢として、米国は、この過程から手を洗うべき(wash its hands from the process)だとユダヤ人指導者たちに語った」と、1998年 CNN のレポーターは言っていました。

当時の国務長官オルブライト氏は、イスラエルの新聞で、アラブとイスラエルの和平交渉に成功しなかった、と攻撃されました。そこでオルブライト氏は米国のユダヤ人指導者たちに対して電話による会議を行い、彼らに警告して、和平交渉は1年間膠着状態にあり、米国はまやかしの交渉には興味がない、そして一つの選択は交渉過程からあっさりと身を引くことです、と語りました。

Wash one's hands of…のように一見、単純そうに見える表現でも、その中に深く広がる背景があったりするのです。そうした背景知識を得ることでみなさんの理解力、コミュニケーション能力は格段に向上するはずです。

2 神は私の助け
God is my help/so help you God

神への宣誓　so help you God

　前節では,モハメド・アル・ファイド氏とニール・ハミルトン氏の裁判を取り上げましたが,このように大きな裁判の前の宣誓の場面は,ニュースでもしばしば取り上げられます.たとえば,1999年初頭,当時のクリントン大統領弾劾裁判についてのABCのニュースでは,ウィリアム・レーンクイスト主任判事が左手を聖書に置き,右手を挙げて宣誓をしている場面を報じていました.

"Do you solemnly swear that in all things appertaining to the trial of the impeachment of William Jefferson Clinton, President of the United States now pending, you will do impartial justice according to the Constitution and laws, so help you God?" "I do."

(「あなたは現在係争中のアメリカ合衆国大統領,ウィリアム・ジェファソン・クリントンの弾劾裁判に関するすべてのことにおいて,憲法と法律に基づき,公正な裁きをすることを厳粛に誓いますか.そのことを神に誓いますか」「誓います」)

　テレビの日本語音声では,最後の "so help you God" の部分の訳が省略されていました.しかし,この部分こ

そ重要で，この表現がないと宣誓の重みがまったく変わってしまいます．というのも，単に法律に基づいて宣誓するだけではなく，神に対して誓うということは，それがとても厳粛な誓いであることを表しているからです．

ところで，"so help you God"が，なぜ「神に誓いますか」という意味になるのか，不思議に思った方もいると思います．この表現の根底には，神が人間に真実を語る機会を与え，真実を語るのを助けてくれる，という思想があるのです．この表現はまた，裁判以外にも，アメリカ大統領の就任宣誓(presidential inauguration)の際にも使われます．次の大統領就任式のニュースを見る際には，大統領が"so help me God"(神に誓います)というはずですから，ぜひ注意して聞いてみてください．ここでhelp meとなっているのは，話者が神に誓うからです．

ごく最近行われた宣誓の一つは，カナダの首相ポール・マーティンが2003年12月12日に行ったものです．これは，カナダ史上最も人気のあった首相の一人として知られるジャン・クレティエンが自由党を連続3回勝利に導いた後に辞任したあとのことでした．しかし，マーティンは国政がうまくいくようにと神に助けを求める宣誓をする一方，先住民の清めの儀式(cleansing ceremony)にも参加しました．この儀式では，先住民の長老がタバコを神に捧げ，薬草セージを燃やし，その煙をワシの羽根であおいで，新首相を頭から足の先までいぶしたのです．

I ニュース英語にみる聖書の表現   9

神が助けてくれる God is my help

　「神が助けてくれる」という考えに基づいた表現として，"God is my help" も重要です．

　この表現は，前節で取り上げた世紀の裁判のもう一方の当事者，モハメド・アル・ファイド氏とも関係しています．彼は，故ダイアナ皇太子妃の元恋人，ドディ・アル・ファイド氏の父親でもあり，ハロッズ・デパートのオーナーでもあります．ロンドンに旅行した方であれば，ハロッズ・デパートで買い物をしたり，食事をしたり，場合によっては，店内を歩き回って顧客とよく話をするのを常としていたアル・ファイド氏本人に会ったことがあるかもしれません．また，ハロッズはイギリス王室御用達のデパートとしても有名です．

　しかし，BBC のニュースによれば，2000 年 1 月 13 日のバッキンガム宮殿の発表で，40 年以上も続いたこの王室御用達も 2001 年以降は認められないことになってしまいました．

　ところで，ハロッズの買い物袋をお持ちでしたら，袋に描かれている 4 つの紋章をよく見てください．表でも裏でも構いません．Harrods という大きな金色の文字の上です．向かって左から二つめの紋章の中，ライオンと人の足下の文字を読んでみましょう．そうです！　かなり小さい文字ですが，確かに "God is my help" と書かれているでしょう？　また，ハロッズ・デパートの正面の

ハロッズ・デパートの正面の紋章. "God is my help" という言葉が刻まれている(左). ハロッズの買い物袋(右上). その左から二つ目の紋章(右下). (筆者の姪フィオナ・アブデル・ジャリル撮影)

紋章にも, "God is my help" と書いてあります.

「詩編」に登場する言葉

それでは, この表現の背景を知るために, 時代を3000年さかのぼり, ダビデ王の時代へとみなさんをお連れしましょう. ダビデ王は少年の頃, 巨人ゴリアトを倒した勇者であり, イスラエル王国の黄金時代を築いた王です. 彼のシンボルはダビデの星と呼ばれ, 現在のイスラエルでもあちこちで目にすることができます. 以下

は，そのダビデ王が書いたとされる，『旧約聖書』の「詩編」(Psalm)の一節です.

> But I am poor and needy ;
> O Lord, think of me.
> Thou art my help and my salvation ;
> O my God,
> make no delay.
> (主よ，わたしは貧しく身を屈めています／わたしのためにお計らいください／あなたはわたしの助け，わたしの逃れ場／わたしの神よ，速やかに来てください)［詩編 40：18］

> As I lie in bed, I remember you ;
> all night long I think of you,
> because you have always been my help.
> (床に就くときにも御名を唱え／あなたへの祈りを口ずさんで夜を過ごします／あなたは必ずわたしを助けてくださいます)［詩編 63：7-8］

God is my help という表現は，このような聖書の言葉を背景にしています.「神の助け」という言葉がハロッズの買い物袋やアメリカ大統領の就任宣誓，裁判のニュースなど，さまざまな場面で使われるのを見聞きする際には，ぜひこうした背景を思い浮かべてください.

3 ダビデとゴリアト　David beats Goliath

小銀行が大銀行を飲み込む買収劇

　2000年2月，英国の金融界を揺るがした事件に決着がつきました．イングランドの名門銀行，ナショナル・ウェストミンスター銀行(通称ナットウェスト銀行)に対し，1999年9月バンク・オブ・スコットランド(BOS)が買収を仕掛け，その後，ロイヤル・バンク・オブ・スコットランド(RBS)も買収に乗り出し，この両行の間で激しい買収合戦が繰り広げられていました．そして，翌年の2月11日，ついにナットウェスト銀行がRBSの買収提案に応じると発表し，決着がついたのです．

　この買収劇は二つの点で画期的です．

　ひとつは，スコットランドの銀行がイングランドの銀行を買収したということです．これまで，イングランドの銀行がスコットランドの銀行を買収することはあっても，その逆の例はありませんでした．もうひとつは，RBSの株式時価総額がナットウェストの約半分であるという点です．2月12日付ロイターのバーナード・ヒックニーによると，この合併により，資産規模の時価評価でヨーロッパ第7位，イギリスで第3位の大銀行が誕生することになります．

　BBCがこのニュースをどう報じたかを見てみましょ

う.

「ナットウェスト銀行は,RBS による総額 210 億ポンド(約3兆7000億円)の買収攻勢に屈したことを認め…最新のテクノロジーを背景とした,リテール分野の銀行革命が進行中である」と BBC ニュースは述べた上で,次のように報じています.

So, David beats Goliath as the Royal Bank of Scotland ends NatWest's three centuries of independence.

(ですから,ダビデがゴリアトを倒したのです.ロイヤル・バンク・オブ・スコットランド銀行がナットウェスト銀行の3世紀にわたる独立に終止符を打ったのですから.)

なぜ突然ダビデとゴリアトが出てくるのでしょうか.そして,それ以前になぜ,BBC のニュースでは David は[deivid]と発音されているのに,日本語になると「デイビッド」ではなく「ダビデ」になるのでしょうか.この疑問を解決するために,時を 3000 年ほどさかのぼってみることにしましょう.

聖書に見るダビデとゴリアトの物語

約 3000 年前,イスラエルの第 2 代の王となるダビデは,まだ年若き羊飼いの少年でした.このダビデの話は『旧約聖書』に出ていますが,英語版では David,日本語版では「ダビデ」となっています.実は,日本語は人

名や地名に関して現地の発音に準じてカタカナを使用しますので，聖書の中の David はヘブライ語の読み方で「ダビデ」となるのです．それゆえ，たとえば英語では Star of David はそのまま「スター・オブ・デイビッド」と発音しますが，日本語では「ダビデの星」のように表記するわけです．ちなみにこの「ダビデの星」は，ユダヤ人にとってはキリスト教徒にとっての十字架のようなもので，現在のイスラエル国旗や『シンドラーのリスト』『アンネの日記』などの映画の中にも出てきます．

次は，ダビデとゴリアトがなぜ先のニュースに出てきたかについてです．このふたりの物語は『旧約聖書』の「サムエル記」に書かれていて，英米などのキリスト教文化圏では，大変有名な話です．

ダビデは羊飼いの少年で，たて琴の名手でした．彼はベツレヘムの長老エッサイの8人の息子の末子です．当時イスラエルはペリシテと戦争をしており，両軍がにらみ合った状態が続いていました．ペリシテ軍には，ひとりの戦士がいて，その名をゴリアトといいました．ゴリアトは，「背丈は3メートルを超え，頭には青銅の兜をかぶり，身には125ポンド（約57キログラム）の青銅の鎧をまとい，足には青銅のすねあてを着け，肩に青銅の槍を背負って」いて，イスラエルの隊列に向かって，一騎打ちを要求しました．自分が勝てばイスラエルが，イスラエルの代表が自分を打ち負かせばペリシテが，それぞれ奴隷になろう，というのです．イスラエル軍は彼の

I ニュース英語にみる聖書の表現　　15

姿を見て震え上がりました．[サムエル記上 17: 1-11]

　あまりに強く，あまりに巨大な敵ゴリアトに立ち向かったのが，少年ダビデでした．従軍していた兄たちに届け物を持ってきたダビデは，ゴリアトの挑戦をたまたま耳にし，当時のイスラエル王サウルに召し寄せられた際，挑戦を受けて立ちたい，と申し出ます．最初は「お前は少年だし，向こうは少年のときからの戦士だ」と言って反対していた王も，なかなか引き下がらないダビデに折れ，ついに彼を送り出すことにしました．ダビデは武具も着けず，川で拾った滑らかな石5つを入れた投石袋，杖，石投げヒモだけで，ゴリアトと対決します．年端もいかない少年が出てきたので，ゴリアトはダビデを侮りますが，ダビデの投げた石で額を砕かれ，前のめりになったところでとどめを刺されます．[サムエル記上 17: 17-51]

　これは神の加護を受けたダビデが，邪悪で強大な敵ゴリアトを打ち破る，という話ですが，この二つの固有名詞は善悪を切り離して，単に小さいものが大きいものに打ち勝つという，大きさの対比のみにも使われます．先のニュースがまさにそうで，ナットウェスト銀行をゴリアト，RBS をダビデになぞらえ，小さな RBS(ダビデ)が強大なナットウェスト銀行(ゴリアト)を買収したと言っているわけです．英米の人たちにとっては，David と Goliath という言葉は，聞いた瞬間にこの物語が思い浮かび，二つの銀行の関係(RBS とナットウェスト銀行の

企業規模の違い，それに反して小が大を飲み込んだこと）が即座に理解できる，強い比喩の力を持っているのです．

ところで，先のニュースで，二重音声の日本語は，David と Goliath をそれぞれ「小さな銀行」「巨大な銀行」と訳していました．ダビデとゴリアトの話は，日本ではあまり知られていませんので，こう訳すのはやむを得ないことかもしれません．しかし，みなさんはすでに背景が分かったわけですから，英文の中に David と Goliath の対比が出てきたときには，ぜひ英語のままでイメージを膨らませてください．

4 イエスの最後の血杯　Holy Grail/Cup

銀のカップをめぐる熱き戦い

　世界最高峰のヨットレース，アメリカズ・カップの挑戦艇を決める，ルイ・ヴィトン・カップが大詰めを迎えていた 2000 年 1 月 20 日，米国 ABC の記者は，レースの会場から次のようにレポートしました．

　　On New Zealand's treacherous Hauraki Gulf, America One from San Francisco is battling to bring home yacht racing's Holy Grail.
　　（ニュージーランドの，油断ならない天候のハウラキ湾では，サンフランシスコから参加したアメリカ・ワン号がヨットレースの聖杯を故国に持ち帰るべく，奮戦しています.）

　1851 年，英国より持ち帰って以来，米国が堅持してきたアメリカズ・カップ．しかし，1983 年のアメリカズ・カップで，ニューヨーク・ヨットクラブのリバティー号がオーストラリア II 号に敗北．カップはオーストラリアに奪われてしまいました．これをきっかけにアメリカズ・カップはさまがわりしました．レース終了後，オーストラリア側は勝利をもたらした秘密兵器，ウィンドキールという最新型のキール（竜骨）を公開し，以後，今日まで続く，ヨットの技術開発競争が始まりました．

1999年10月, 7つの国の11隻のヨットが参加し, ルイ・ヴィトン・カップは開幕しました. そしてアメリカ・ワン号は, ルイ・ヴィトン・カップの決勝に勝ち残った2隻のうちのひとつになりました. アメリカ・ワン号がここまで残ったのは, その開発のため, 3000万ドル(約32億円)もの費用を投じた, 最新技術に支えられていたからです. アメリカ・ワン号の船長ポール・カヤールによれば, 勝敗の70パーセントは技術によるものだといいます. イタリアから来て, 同様にここまで残ったプラダ・チャレンジ号では, さらにその上をいく6000万ドルを費やしていました.

両艇の対決を1月26日, ABCのニュースキャスター, ピーター・ジェニングスはHoly Grailという言葉を再び用い, 次のように伝えました.

> In the waters off New Zealand this week, the final round has begun for the right to challenge New Zealand which currently holds the America's Cup, the Holy Grail of ocean racing.
>
> (ニュージーランド沖の海で今週, 海洋レースの聖杯, アメリカズ・カップを現在保有するニュージーランドへの挑戦権を得るための決勝戦が始まりました.)

ヨットというスポーツの, ひとつのcup(杯)をめぐるこのニュースをここまで読んできて, それを勝ち取るために賭けられたものの大きさに, 読者のみなさんも驚か

れたのではないでしょうか．Holy Grail（聖杯）にもたとえられたアメリカズ・カップは，まさに聖なる杯なのです．

しかし，ここで納得してしまったのなら，このニュースの意味が完全に分かったことにはなりません．世界のニュースの奥に潜むものを勝ち取るためには，さらにもう一歩踏み込む必要があるのです．

ダ・ビンチの傑作にも登場する Holy Grail

Holy Grail とは，いったい何なのでしょうか．そのなぞを解くため，聖書をひもといてみましょう．すると，次のような一節に出会います．

「既に夕方になった．その日は準備の日，すなわち安息日の前日であったので，アリマタヤ出身で身分の高い議員ヨセフが来て，勇気を出してピラトのところへ行き，イエスの遺体を渡してくれるようにと願い出た．この人も神の国を待ち望んでいたのである…そして，百人隊長に確かめたうえ，遺体をヨセフに下げ渡した．ヨセフは亜麻布を買い，イエスを十字架から降ろしてその布で巻き，岩を掘って作った墓の中に納め，墓の入り口には石を転がしておいた．」［マルコによる福音書 15：42-46］

伝説では遺体を降ろす際，アリマタヤのヨセフは，イエスの最後の血を酒杯（cup）で受けたといわれます．そしてこの cup こそが，"Holy Grail"，すなわち聖なる杯だというのです．

さて、ウェブスターの辞書で "grail" を引くと、"Last Supper"(最後の晩餐)に使われた杯だとされています。レオナルド・ダ・ビンチの素晴らしい絵のおかげで、Last Supper の様子については、誰もが思い描くことができます。では、その中に "Holy Grail" は、どのような形で登場するのでしょうか。再び、「マルコによる福音書」を見てみましょう。

> While they were eating, Jesus took a piece of bread, gave a prayer of thanks, broke it, and gave it to his disciples…Then he took a cup, gave thanks to God, and handed it to them; and they all drank from it.
> (一同が食事をしているとき、イエスはパンを取り、賛美の祈りを唱えて、それを裂き、弟子たちに与えて言われた。「取りなさい。これはわたしの体である。」また、杯を取り、感謝の祈りを唱えて、彼らにお渡しになった。彼らは皆その杯から飲んだ。)
> [マルコによる福音書 14: 22-23]

さて、カトリックの教会では毎日ミサが行われます。ミサは "Last Supper" を記念しているのですが、そこでは司祭が、「これはわたしの体である」という、イエスの言葉を繰り返します。そして、それを見ると、レオナルド・ダ・ビンチの傑作が、より鮮烈で、深い意味を持ったものになるでしょう。

"cup" はまた、ぶどう酒の味を鑑定する杯、鑑定杯の意味で使われることもあります。そして、聖書ではそれ

ミサで聖体を拝領する筆者(中央). 宮崎カリタス修道女会甲府修道院にて

が,「苦悶」「試練」「受難」などを意味する, ひじょうに奥の深い, 比喩的な言葉として登場します.

聖杯探求の物語

　さらに, 中世のアーサー王物語のひとつ, 『アーサー王の死』の中で, 行方不明になった聖杯を騎士たちが探求する物語が語られていますが, その聖杯とアリマタヤのヨセフがイエスの最後の血を受けた "cup" とは同じ cup, "Holy Grail" であるとされているのです. このことから, 英語では「困難な探求の対象」という意味で "Holy Grail" あるいは単に "Grail" という言葉を使うことがあります.

たとえば，2002 年 4 月 27 日のイギリスの新聞タイムズ紙のスポーツ欄には "London Irish still in search of their Holy Grail"（ロンドンのアイルランド人は今も彼らの聖杯を探している）という記事がありました．この記事の中でアイルランド人の監督コナー・オシェイは記者に次のように語っていました．

Qualification for the Heinecken Cup is the Holy Grail of rugby and we all want to be in it.
（ハイネケン・カップというものはラグビーにおける聖杯のようなもので，わたしたちは皆それを与えられることを望んでいます．）

2003 年 11 月 15 日のタイムズ紙の「精神安定剤——即座の法悦」と題された記事の書き出しは次のようになっていました．

A medicine that provides instant happiness: the Holy Grail of artists, druggies and many serious-minded researchers since medicine began.
（即座に幸せにしてくれる薬：医学がはじまって以来，芸術家，麻薬常用者，そして多くのまじめな研究者たちが探し求めた聖杯．）

この記事の筆者は，科学者たちは今でも至福の錠剤を探し求めている，と言っていました．

また，Grail はアーサー王伝説にあるように，騎士たちの遍歴の目的という意味もあるので，2003 年 1 月 4 日のタイムズ紙の「517 の教会で盗みを働いた泥棒，告

白する」というタイトルの記事では、次のように皮肉をこめて使われていました.

　　UNHOLY GRAIL : the Burglar's cross-country raids
　　（聖ならざる杯：全国にわたる泥棒の侵入）

　この大文字の見出しの下には、イギリス全土にわたって侵入された場所を示す地図がついていました．この泥棒は、捕まったときポケットに2400ポンドの現金を持っていましたが、それはもちろん彼がその聖ならざる目的を達するために使った車とともに没収されたということです．

　そのほか、ハリソン・フォードのファンの方は、聖杯探しの冒険が出てくる映画（『インディー・ジョーンズ最後の聖戦』）をごらんになったことがあるかもしれません．

　以上のようなことから、Holy Grail が、キリスト教文化圏で持つ重要さが分かると思います．その上で、冒頭の記事をもう一度読みなおすと、記者が使った Holy Grail という言葉にまた別のニュアンスを感じるのではないでしょうか．

5　邪悪な視線　Evil Eye

邪悪な視線が災いをもたらす

"I'm superstitious about calling it a miracle: I don't want to invite further attention from the evil eye." (私は，それを奇跡と呼ぶことについて，迷信深くなってしまうのです．凶眼[災難を招く視線]の持ち主の注意を，これ以上引き寄せたくはないので)と，アメリカの雑誌タイム誌(*TIME*) 1999 年 11 月 22 日号の中で，ランス・モロー氏は書いていました．

モロー氏は，重度の冠状動脈の閉塞により，心臓発作に 2 回襲われ，1976 年と 1993 年の 2 度，冠状動脈のバイパス手術受け，さらに 1998 年には，2 回にわたりバルーン血管形成術を受けました．そうした治療にもかかわらず，その年，彼の症状はさらに悪化してしまいました．

そこで，彼の主治医は，ニューヨーク州にあるコーネル大学のトッド・ローゼンガート博士をリーダーとする医療チームを彼に紹介しました．ローゼンガート博士の医療チームは，最先端のレーザー，および遺伝子治療を行っています．モロー氏は，1999 年 1 月手術を受けました．そして，そのわずか数カ月後，博士の遺伝子治療により「冬眠」状態から目覚めた心臓前部の壁は，正常

に機能し始めていました．1回の心臓の鼓動で送り出される血液の割合を示す駆出率は，手術前の29パーセントから，40パーセントへと大きく上昇していたのです（正常値は40パーセントから60パーセント）．それとともに健康も回復，1年前だったら命取りになりかねなかった，スカッシュなどもできるようになったのです．

さて，モロー氏は，「自分の回復を奇跡であると，あまり言いたくないのは，それが"evil eye"の注目を引いてしまいたくないからだ」と述べています．ここで"evil eye"という表現をモロー氏が使ったのは，せっかく取り戻した健康を，不幸を招く視線"evil eye"により台なしにしたくないという強い意志の表れです．この"evil eye"という表現は，中東・地中海地方をはじめ世界各地に広く見られる民間信仰と結びついています．多くの人々が，"evil eye"の存在を信じている，中東・レバノン出身の私にとっては，とても馴染みのある表現です．

レバノンでは，昔から善人を装った邪悪な心の持ち主の視線にさらされると，自分の子ども，家族，家，自動車など，大切にしているものに対して，災難が降りかかると信じられているのです．そして，その"evil eye"の存在は，通常は察知することができません．そのため，子どもの健康や，車の調子がいいことを褒めるとき，神の名である，"ismalla"（イスマッラ）という表現を用います．神の名前である"ismalla"を唱えることにより，

"evil"の根源である，devil（悪魔）を追い払い，子どもや車などに，危害が及ばないようにするのです．さらにレバノンでは，迷信深い人たちは"evil eye"から身を守るため，kharzee zar'a（ハルゼー・ザルッア）という青い石を身につけています．この青い石は，私も十代の頃，胸につける十字架の横につけていました．でも，神だけを信じ，迷信を信じていなかった父は，両方つけるのは矛盾だからどちらかひとつにせよ，と言いました．もちろん，私は青い石をはずしましたが，それには大変な勇気がいりました．でも父が言ってくれたことに今では感謝しています．

心の鏡としての「目」

さて，"evil eye"は，本当に存在するのでしょうか．それと関係があるような，"Evil eye is on the blink"（凶眼は調子不良）と題された面白い記事が，2000年5月3日付の英国の新聞タイムズ紙にありました．

ナイジェル・ホークス記者が書いたこの記事は，米国，ケンタッキー大学の心理学者，ロバート・ベーカー教授が行った，ある実験を紹介しています．40人を被験者としたこの実験では，食事や読書など，日常的な行動をする彼らを，教授が5分間から15分間，こっそり見つめています．実験終了後，教授は被験者に自己紹介を行い，それまで，彼らをじっと見つめていたことを告げます．すると，40人のうち35人が，視線にまったく気づ

かなかったと答えました.残る5人のうち,3人は「何かおかしな感じ」に気づいていましたが,教授が観察していた場所などは,まったく分かりませんでした.残るふたりは,観察されていること(ひとりは,観察者がベーカー教授であること)に気づいていましたが,どこから観察されているかは分かりませんでした.この実験の結果などから,ベーカー教授は,人は他人の視線を感じることはできないとするのが妥当だとしています.

ここまで読んできてお分かりのように,この記事の見出しの "evil eye" は,これまで述べてきた "evil eye" とは異なり,相手をじっと見つめる「視線」にすぎません.ただ,科学記事の見出しとして,迷信的な要素のある,"evil eye" という表現を用いた点でユニークですし,それが分からないと,この見出しの面白さは分かりません.

さて,この "evil eye" という表現,実は,聖書の中にも繰り返し登場する表現です.たとえば,『旧約聖書』の中でソロモン王は,邪悪な者に対する警戒を次のように呼びかけています.

> Eat thou not the bread of him that hath an evil eye, neither desire thou his dainty meats.
> (強欲な者のパンを食べようとするな.供される珍味をむさぼるな.)〔箴言 23:6〕

そして,このような邪悪さ,"evil eye" から,自身を救う方法について,キリスト教史上最も有名な説教である,山上の垂訓の中で,イエスは次のように述べていま

す．

> The light of the body is the eye: if therefore thine eye be single, thy whole body shall be full of light. But if thine eye be evil, thy whole body shall be full of darkness. If therefore the light that is in thee be darkness, how great is that darkness!
>
> (体のともし火は目である．目が澄んでいれば，あなたの全身が明るいが，濁っていれば，全身が暗い．だから，あなたの中にある光が消えれば，その暗さはどれほどであろう．)［マタイによる福音書 6: 22-23］

"evil eye" にこめられた意味

また，"evil eye" は，しばしばねたみと結びつく傾向があります．イエスはぶどう園の労働者のたとえ話で，最初に雇われた者が最後に雇われた者と同じ賃金を受け取ったことに対し不服を申し立てると主人はこう言った，と語りました．

> Is it not lawful for me to do what I will with mine own? Is thine eye evil, because I am good?
>
> (自分のものを自分のしたいようにしては，いけないか．それとも，わたしの気前のよさをねたむのか．)［マタイによる福音書 20: 15］

多くの人がねたみは罪ではないと考えておられるかもしれませんが，姦通と同じく悪いことだ，と［マルコに

よる福音書 7:21-22]では教えられています．さらにイエスは欲情をもって女を見ることも罪であるとし，次のように述べています．

> And if thine eye offend thee, pluck it out, and cast it from thee : it is better for thee to enter into life with one eye, rather than having two eyes to be cast into hell fire.
> (もし片方の目があなたをつまずかせるなら，えぐり出して捨ててしまいなさい．両方の目がそろったまま火の地獄に投げ込まれるよりは，一つの目になっても命にあずかる方がよい．)〔マタイによる福音書 18:9〕

このようなイエスの「啓発的な(enlightening)」言葉を聞くと，誰もがその説く内容について納得してしまうのではないでしょうか．そして，"evil eye"という言葉にこめられた深い意味についても感じることができるのではないでしょうか．

6 金の子牛　Golden calf

繰り返される偶像崇拝

"We've come to worship this false god of youth just as wayward, ancient Hebrews once knelt at the hooves of a golden calf."（われわれ［おとなたち］は，このような若者の偶像を崇拝するようになってしまった．気まぐれな古代のヘブライ人たちが，かつて金の子牛の足元にひざまずいたように）と，タイム誌1999年11月15日号の"Power Children"（力を誇示する子どもたち）と題された記事の中で，マーク・カッツは書いていました．その記事のサブタイトルは，"Once teens were barely tolerated, but now we worship the false god of youth."（かつてティーンエージャーたちは，ほとんど寛容に扱われなかった．しかし，今われわれは，若者の偶像を崇拝している）というものでした．

カッツの記事には，へそにピアスをした若者たちの写真が添えられていました．そして彼は，自分が彼らと同じ十代だった20年前と比べて，時代がいかに変わってしまったか驚くとともに，今の若者たちに何が起きているのか憂慮しています．さらに彼は，なぜ，若者たちが崇拝するものが，まるで神のように一般にも崇拝されるようになり，以前より社会に大きな影響を与えるように

I ニュース英語にみる聖書の表現　　31

なったのか, 疑問を投げかけています.

　日本の若者は, 米国の若者とはさまぎまな点で違うでしょう. とはいうものの, 日本でも米国の若者と同じように, へそや舌にピアスをした若者たちを, 町で見かけますし, 若者たちが社会や文化に与える影響が, 以前と比べはるかに大きくなったことは共通しているようです.

　ただ, さきほど紹介したカッツの文章を読んでいて, よく分からない部分があるなと感じた人も多いのではないでしょうか. おとなたちが若者に迎合し, false god(偶像)をあがめているとしても, なぜそれが, 古代のヘブライ人(ユダヤ人)と関係するのでしょうか. そして, 彼らがあがめたという golden calf(金の子牛)とは, いったい何のことなのでしょうか.

　モーセ(紀元前 1250 年～1210 年頃)がユダヤ人たちを率い, エジプトから脱出した, 『旧約聖書』の「出エジプト」の話はみなさんもご存じのことと思います. golden calf が登場するのは, エジプト脱出の後, 彼らがシナイの荒れ野にいるときです. そこでユダヤ人たちは堕落してしまい, 自分たちで勝手に偶像を作ってしまったのです.

　それを知り, 怒ったモーセは, 次のように言いました.

> I saw that you had already disobeyed the command that the Lord your God had given you, and that you had sinned against him by making yourselves a metal idol in the form of a <u>bull-calf</u>.

（わたしが見たのは，あなたたちがあなたたちの神，
　　主に罪を犯し，子牛の鋳像を造って，早くも主の命
　　じられた道からそれている姿であった．）〔申命記 9：
　　16〕

　このできごとの直前に神がモーセに告げた十戒の中で，
自分以外に神があってはならないこと，そして，偶像を
造ってはならないことを，神は述べていました．子牛を
あがめることは，それを破ることなのです．モーセは直
ちにその子牛を取り上げて火に投じ，粉々に砕いて塵と
し，その塵を山から流れる川に投げ捨ててしまいました．

　しかし，ユダヤ人たちの偶像崇拝は繰り返されます．
時代は下り，預言者ホセアの時代（紀元前 786 年～746
年頃），神は再び次のように偶像崇拝を糾弾します．

　　They took their silver and gold and made idols—for
　　their own destruction. I hate the gold bull wor-
　　shiped by the people of the city of Samaria. I am
　　furious with them. How long will it be before they
　　give up their idolatry?…The gold bull worshiped in
　　Samaria will be smashed to pieces!
　　（…彼らは金銀で偶像を造ったがそれらは打ち壊さ
　　れる．サマリアよ，お前の子牛を捨てよ．わたしの
　　怒りは彼らに向かって燃える．いつまで清くなりえ
　　ないのか．…サマリアの子牛は必ず粉々に砕かれ
　　る．）〔ホセア書 8：4-6〕

　モーセのときも，ホセアのときも，人々があがめた偶

像は，false god である金の子牛，golden calf/bull でした．そのため golden calf は，神に背いた偶像崇拝を表す言葉となったのです．

『旧約聖書』のこうした話を知っていれば，golden calf という言葉をカッツが使うことで，彼が現代の若者の道徳的・宗教的な堕落を問題にしているということが，すぐに分かるはずなのです．

何に対してひざまずくのか

さて，カッツが同じ文章の中で用いている，knelt at（ひざまずいた）という言葉も，聖書の中では，否定的な意味と肯定的な意味とをあわせ持つ複雑な意味で使われています．ここでは，神が禁じる偶像にひざまずくという，非常にネガティブな意味で使われています．そして，物質主義に毒され，表層的なものに心を奪われている現代の若者やおとなたちは，同じように偽の神にひざまずいている，と主張しているのです．

しかし，私にとって，ひざまずくということでまっ先に連想されるのは，前にも紹介した最後の晩餐の場面です．

「ヨハネによる福音書」によると，最後の晩餐でイエスは，食事の席から立ち上がると上着を脱ぎ，手ぬぐいを取って腰にまといました．それから，たらいに水をくんで弟子たちの足を洗い，腰にまとった手ぬぐいでふき始めたのです．そして，イエスがペトロの足を洗おうと

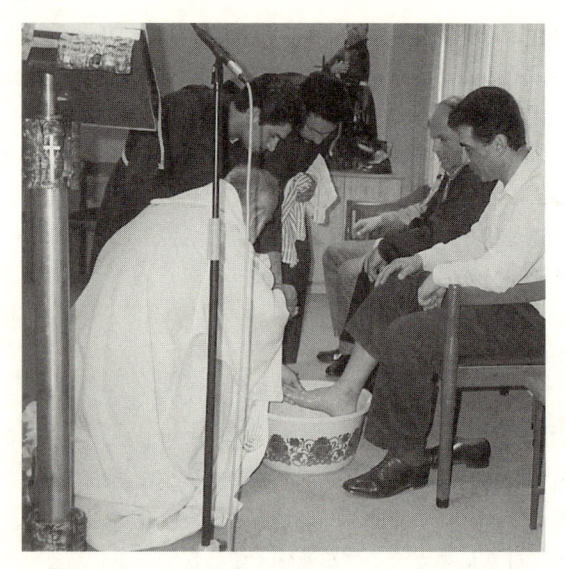

今日でも聖木曜日に司祭が信者の足を洗う儀式が行われている.レバノン,メタイレブの聖フランシスコ教会にて(ジャネット・アブデル・ジャリル撮影)

したとき,ペトロは,神の子であるイエスが,自分のような人間にひざまずき足を洗うなどとんでもない,と固辞します.それに対しイエスは,「もしわたしがあなたを洗わないならば,あなたはわたしと何のかかわりもないことになる」[ヨハネによる福音書 13:8]と答え,足を洗ったのです.

ビジネス最優先の現代において私たちは,ともすると,他人に奉仕することで何らかの見返りを期待しがちです.しかし,イエスや,現代においてマザー・テレサが模範

を示したように，他人に対しへりくだり，ひざまずき，心から奉仕することは，人間としての務めを果たすことでもあるのです．

現代の若者に対し，タイム誌のカッツのようなネガティブな見方をすることができるのは事実です．しかし，一方で，現代の若者と宗教との関係を調べているコロンビア大学のリーザ・ミラー博士が，2000年1月2日のABCのニュースで述べていたように，米国の十代の若者たちの間で，宗教に対する関心が高まると同時に，自分自身のあり方について，もう一度考え直してみようという動きが起こり，宗教に関するセミナーに多数の若者が参加していることも事実なのです．そして，そのセミナーに参加した若者たちは，イエスにならい，互いの足を洗います．

おとなである私たちが，若者たちに，表層的で，迷信的で，物質主義的な生き方を子どもの頃からさせていたのなら，彼らは偶像，golden calf にひざまずくようになってしまうでしょう．惑わされずに，真の神を見出す機会を提供するのは，おとなである私たちの責任なのだといえるのではないでしょうか．

7 正体を現すサロメ
The unveiling of Salome

少女の踊りが権力者を惑わす

　ニュージーランドの新聞, サンデー・スター・タイムズ紙は, 2000年2月6日付の文化面で, "The unveiling of Salome"(サロメ初公開)という言葉を, 全段抜きの見出しとして使いました. この見出しに続くリードで同紙は, 次のように報じました.

> Graeme Murphy is bringing his Sydney dance company to New Zealand to tour Salome. He tells Jill Rivers why this box-office hit is such a special ballet.
>
> (グラエム・マーフィーは, 『サロメ』の巡回公演を行うため, シドニーの彼のダンス・カンパニーを, ニュージーランドに引き連れてきた. 彼は[同紙記者]ジル・リバースに, この大ヒット作が, なぜそんなにも特別なバレエであるかを語る.)

　この公演を主宰したグラエム・マーフィーは, 20年間にわたり, シドニー・ダンス・カンパニーの芸術監督を務め, 同カンパニーを国際的に有名な舞踊団にした人物です. そして, 50歳を迎えた今年, 脂の乗りきった彼は, シドニーで『サロメ』のニュージーランド公演の準備をする傍ら, メルボルンでオーストラリアン・バレ

エとともに 1991 年の彼の大ヒット作, 'Nutcracker'（「くるみ割り人形」）の再公演に向けた演出見直しを行っていたのです．そして，同カンパニーはオーストラリア政府から世界的な一座として認められました．

グラエム・マーフィーは，オーストラリアで大ヒットした『サロメ』について，"It's a clear, clean, very sexy narrative with an intrigue and a cast that makes it special"（それは，［話の］筋と配役がしっかりとした，明晰で，純潔で，とてもセクシーな物語で，それこそが『サロメ』を特別なものにしているのです）と語りました．そして，『サロメ』を見た同紙のジル・リバースは，"Joseph Brown as John the Baptist is completely Christlike!"（洗礼者ヨハネのヨセフ・ブラウンは完全にキリストのようだ）と評するとともに "The Middle Eastern aural world they create bears little reference to the original music of Richard Strauss".（彼らが作り上げた，中東の音の世界は，リヒャルト・シュトラウスによるオリジナルの音楽とはほとんど関係のないものになっている）と批評しました．

『サロメ』の話を，すでに詳しくご存じの読者の方ならば，ここまで読んできて，なぜ，sexy という表現が使われたり，John the Baptist, Christ, The Middle East といった，人名や地名が登場するのか，お分かりになるかと思います．そして，勘のよい読者ならば，この記事を書いたジル・リバースが，その見出しとして，なぜ

"The unveiling of Salome" をつけたかが分かるかもしれません．実は "unveiling" という言葉は，「初公開」という意味以外にも，「正体を現すこと」「ベールを脱ぐこと」など，さまざまな意味を持っているのです．

「サロメ」は，今から 2000 年前，中東のユダヤ王国のヘロデ・アンティパス王の時代に起こった，聖書にも登場するできごとを下敷きにした話です．「マルコによる福音書」によると，ヘロデ・アンティパス王は，自分の兄弟，フィリポの妻だったヘロディアと結婚していました．これに対し，キリストのいととされる，洗礼者ヨハネは，その結婚が律法に反するものであると，非難し続けました．これにより，洗礼者ヨハネは逮捕され，彼に恨みを抱いていたヘロディアは，彼の命を奪おうと考えます．しかし，正しい聖なる人として民衆から人気のあった，洗礼者ヨハネの命を奪うことは，容易ではありませんでした．

> 「ところが，良い機会が訪れた．ヘロデが，自分の誕生日の祝いに高官や将校，ガリラヤの有力者などを招いて宴会を催すと，ヘロディアの娘が入って来て踊りをおどり，ヘロデとその客を喜ばせた．そこで，王は少女に，「欲しいものがあれば何でも言いなさい．お前にやろう」と言い，更に，「お前が願うなら，この国の半分でもやろう」と固く誓ったのである．」［マルコによる福音書 6: 21-23］

そして，この少女こそが，ヘロディアと前夫フィリポ

の娘，サロメだったのです．国王として，すべての人の上に立つ男が，サロメのセクシーな踊りを見て，欲しいものは何でもあげようと言ってしまうというのは，あまりに愚かしい行為といえましょう．

そして，ヘロデのこのように愚かしい言葉に対し，サロメは，自分の母親ヘロディアと相談の上，洗礼者ヨハネの首を望み，その望みはかなえられます．単なるセクシーな踊りのために，国王や各界の指導者たちも知性を失ったのです．

モニカは現代のサロメか

このサロメの逸話はルネサンス以来，数多くの芸術のテーマとして描かれ，なかでもアイルランド生まれの詩人・小説家・劇作家であるオスカー・ワイルドが1891年に書いた一幕悲劇「サロメ」は有名です．リヒャルト・シュトラウスが1905年に作曲したオペラ「サロメ」は，このワイルドの原作によるものです．

また，映画のテーマにもよく取り上げられ，古くは有名な女優リタ・ヘイワース主演で1953年に上演された映画『サロメ』，最近では世界的舞踊家アイーダ・ゴメスが主演し，フラメンコ・ダンスを踊った映画『サロメ』(2004年2月日本公開)があります．もっとも聖書の時代のサロメの踊りは，フラメンコではなく，中東に行けば今もごらんになれるような，女性が腹と腰をくねらせて踊るベリーダンスに近いものだったと思われます．

さらに，この話に出てくるサロメとヘロデ王の関係は，権力者の男と，それを自分の意のままに繰る若い女性（愛人）の関係の象徴として使われてきました．

最近，この比喩が使われたのが，全米を揺るがす大スキャンダルに発展した，クリントン大統領とモニカ・ルインスキーとの不倫疑惑です．英国のタイムズ紙の記者，サンドラ・パーソンは，1998年9月12日付の同紙の記事の中で，クリントン大統領がヒラリー夫人についての不平をモニカ・ルインスキーにこぼし，そして，ヒラリー夫人は冷たいとなじったとき，モニカは，どれほどの幸せを味わったのだろうか，と想像しています．そして，"She would dance so seductively as to make Salome and her seven veils seem prissy."（彼女[モニカ・ルインスキー]は，サロメと彼女の身を覆う7枚のベールとが堅苦しく感じられるほど魅惑的に，ダンスをしたのだろう）と書きました．

ところで，サロメの希望に従い，洗礼者ヨハネの命を奪ってしまったヘロデ王ですが，聖書を読んでいくと彼は，複雑な人間であることが分かります．実は彼は，自分とヘロディアとの結婚を非難し，モラルを守ることを説く，洗礼者ヨハネの言葉に，熱心に耳を傾けていたのです．ヨハネの言葉は，彼にとって耳に痛いものだったはずなのに．

モラルと自分の欲望との間でさまよう，このような彼の矛盾した姿は，ひじょうに現代的だといえ，今の私た

ちも,その姿をまざまざと思い浮かべることができます.
　グラエム・マーフィーの『サロメ』は,それを彼独自の解釈で演出したものです.サンデー・スター・タイムズ紙の記事の中で,この公演の衣装デザイナーを務めた日系オーストラリア人のアキラ・イソガワは,次のように述べています.

　It is, of course, a biblical tale, but we wanted something contemporary, and Wilde had given it that initial modern feel. (それは,もちろん,聖書の話です.しかし,私たちは現代的な何かを望みました.そして,ワイルドが,それに最初の現代的な感覚を与えたのです.)

　アキラ・イソガワは,ワイルドの解釈を通して,2000年前の聖書のサロメの話へと近づいていきました.どのような経緯で,聖書に近づいていくかは,人さまざまでしょう.しかし,世界最大のベストセラーである聖書を読み込んでいくうちに,それが持つさまざまな現代性をあなたも,きっと発見するはずです.

8 ハルマゲドン　Armageddon

ハルマゲドンの予感に怯えた株式市場

　新たなミレニアムを迎えて間もない2000年1月8日付の英国のタイムズ紙は大見出しで,"Armageddon averted"(ハルマゲドンは回避された)と報じました.

　私たちはこれまで,政治,スポーツ,芸術など,さまざまなジャンルの記事に登場する,キリスト教を背景とする言葉の本来の意味を探ってきましたが,この記事は,株式市場に関するものです.なぜそのような記事に,"Armageddon"というキリスト教に関係する言葉を使ったのでしょうか.そもそも"Armageddon"とは,どのような意味の言葉なのでしようか.

　その言葉の意味を調べる前に,まず,新たなミレニアムの最初の1週間に,世界の株式市場で何が起きたのかを振り返ってみましょう.

　"Armageddon averted"の記事で報告されているように,各国の市場株価は大きく値下がりしました.たとえば,ロンドン市場を代表する株価FTSE100(フィナンシャルタイムズ100社株価指数)は,1月6日,木曜日までに500ポイント近く,率にして7パーセント急落しました.また,ハイテク株中心の米国の店頭株式市場,NASDAQの総合指数も年初から10パーセント下落し

Ⅰ　ニュース英語にみる聖書の表現　　　43

ました．こうした動きにつられ，香港など世界各地の市場の株価も低下しました．ただ，この急落を原因とする投資家のパニック的な株式売却は起こらず，金曜日のロンドン市場は小幅ながら反発しました．このような1週間の動きをタイムズ紙は，世界の市場は「破局」(catastrophe)を迎えかねなかったが，以前より分別のある投資家たちにより，それを回避することができたと総括しました．

　さらに，タイムズ紙は，"Armageddon averted"に続き，"Questions new investors thought they would never have to ask"(新たな投資家たちが，尋ねる必要はないと思っていた質問)との見出しの関連記事を掲載し，投資家がどのような行動をとるべきかを，Q&A形式でアドバイスしています．最後の質問，「株を売却して，市場から撤退すべきでしょうか」に対し，同紙のポーラ・ホーキンス記者は，この1週間を振り返って次のように述べました．

　　Armageddon did not arrive as the doomsters had predicted with the new millennium, but it must have felt that way for some investors as the world's markets went into freefall.
　　(ハルマゲドンは，新たなミレニアムについて終末論者が予言していたようには，到来しなかった．しかし，世界の市場が歯止めなしに下落するにつれ，一部の投資家にはそのように感じられたに違いな

い.)

そして，ロンドン市場だけで株の価値が800億ポンド（約13兆円）下落したことを指摘した上で，今回は，"Never sell an equity unless you need the cash"(現金が必要でないかぎり，決して株は売るな)という株式市場の格言に従うべきだと答えます．

先に紹介したポーラ・ホーキンス記者の回答でも触れられているように，株式市場の記事で "Armageddon" という言葉が使われた背景には，その1週間ほど前の新年，コンピュータの2000年問題により，世界の市場は大混乱に陥るのではないかという終末論的な予測が一部でなされていたことがあります．

株式市場の "Armageddon" の到来を回避するには，あわてて株を売らないことだということが分かったかと思いますが，それでは，"Armageddon" とは，具体的にはどんなことなのでしょうか．

"Armageddon" という言葉が聖書に登場するのは "Revelation" と呼ばれる，『新約聖書』の最後の書，「ヨハネの黙示録」の中です．その16章で聖ヨハネは，悪霊たちが全能者である神の大いなる日の戦いに備え，全世界の王たちのところへと赴いたことを語り，次のように続けます．

> Then the spirits brought the kings together in the place that in Hebrew is called Armageddon. Then the seventh angel poured out his bowl in the air. A

loud voice came from the throne in the temple, saying, 'It is done!' There were flashes of lightning, rumblings and peals of thunder, and a terrible earthquake. There has never been such an earthquake since the creation of human beings; this was the worst earthquake of all!

(汚れた霊どもは,ヘブライ語で「ハルマゲドン」と呼ばれる所に,王たちを集めた.第七の天使が,その鉢の中身を空中に注ぐと,神殿の玉座から大声が聞こえ,「事は成就した」と言った.そして,稲妻,さまざまな音,雷が起こり,また,大きな地震が起きた.それは,人間が地上に現れて以来,いまだかつてなかったほどの大地震であった.)〔ヨハネの黙示録 16:16-18〕

このように "Armageddon" とは,世界の終末における神と悪魔との最終決戦の場所の名前だったのです.そして,その決戦により起きた,私たちの想像を絶するような地震や雷は,世界に破壊的な影響を及ぼします.このため "Armageddon" は,世界を破滅させかねない戦争などを呼ぶ名称としても使われるようになりました.

日本では,この言葉でオウム真理教を連想する人もいるかもしれません.また,小惑星が地球に衝突する「世界の破滅」を防ごうとする人たちの冒険を描いたブルース・ウィリス主演の映画『アルマゲドン』は記憶に新しいでしょう.

世界が垣間見た終末の日

　世界に破滅をもたらすという点では，コンピュータの2000年問題よりも，冷戦時代の米ソ間の全面核戦争のほうが，かつては，はるかに現実味を帯びた問題でした．そして，全面核戦争が実際に起こりうるものとして，世界の人々の前に現れたのが，1962年のキューバ危機でした．

　1998年1月17-18日付のウィークエンド・オーストラリアン紙(*The Weekend Australian*)は，書評欄でキューバ危機について書かれた本, *One Hell of a Gamble : The Secret History of the Cuban Missile Crisis*(『地獄のかけ：キューバミサイル危機の秘話』)を大きく取り上げ，その記事の見出しを "Almost Armageddon"(あわやハルマゲドン)とつけました．

　1962年のキューバ危機は，ソ連がキューバにミサイル基地の建設を始めたことが発端となりました．軍事偵察機によりそれを知った当時のケネディ大統領は，自国の大半がミサイルの射程圏内となってしまう基地の建設を断固阻止しようとします．そして，彼がまず選択しようとしたのが，ミサイル基地をはじめとするキューバへの大規模爆撃でした．

　そして，*One Hell of a Gamble* によれば，そのとき世界が全面核戦争の瀬戸際にあったことを，ケネディ自身が気づいていなかったと指摘します．そのときケネディ

は，キューバには核弾頭がないと考えていました．しかし，それ以前にソ連は，ひそかにキューバに核弾頭を配備していました．その破壊力は，第二次世界大戦中にドイツに投下された爆弾すべての20倍に上るものでした．そして，当時のソ連の指導者，フルシチョフは，米国の爆撃が開始されたなら，キューバのミサイルで反撃をする覚悟でいました．そしてこの危機の間，フルシチョフはいつでもキューバの首都，ハバナにいる自分の部下に核攻撃を命じられるよう，正装したまま執務室で寝起きしていたのです．

　幸いにして，ケネディはキューバへの爆撃を行わず，フルシチョフはハバナに核攻撃を命じることはありませんでした．全面核戦争という"Armageddon"は，直前で回避されたのです．

　2000年問題，キューバ危機などが，破滅的な結果をもたらさなかったことに対して，私は神に感謝したいと思います．しかし，Armageddonがいつ訪れるかについては，誰も知りません．

9 狂信者たち　Zealot

終末論者はハルマゲドンをめざす

　前節では，ハルマゲドンについて触れましたが，1999年の暮れに，「最後の審判」が世紀の転換期に訪れる，と信じている人たちがいました．前回紹介したポーラ・ホーキンス記者の記事をもう一度見てみましょう．

> Armageddon did not arrive as the doomsters had predicted with the new millennium, but it must have felt that way for some investors as the world's markets went into freefall.

　前節では触れませんでしたが，この記事に登場する doomsters（終末論者）の doom とは，この世の終末に行われる「最後の審判」のことです．そして doomster とは，「最後の審判」がまもなく到来すると唱える人々のことで，この記事の場合は，1999 年の終わりに株式市場が壊滅的な大暴落を起こすと言っていた人たちを指します．

　実は 1999 年の暮れ，doomster たちが，最後の審判がが行われるとされたイスラエルのハルマゲドンという場所に集まろうとしていたのです．その顛末を伝えている英国のタイムズ紙の 2000 年 1 月 1 日付の "Police thwart zealots of Armageddon"（警察，ハルマゲドンの

狂信者たちの目的達成を妨げる)という見出しの記事を見てみましょう.

この記事は同紙のサン・キリー記者が書いたものですが, ここではニュースの発信地が Armageddon になっています. この記事と同じ面に掲載された別の記事の発信地としては, Washington, Rome, Moscow などがあります. こうした地名と Armageddon が並ぶのは違和感がありますが, この場合の Armageddon はメギドとも呼ばれる, イスラエル北部エストラエロン平原にある, 古代から続く実在の都市の名前です.

キリー記者はこの記事を, 次のような面白い書き出しで始めます.

> If you are reading this, it didn't happen. Gog and Magog, the biblical protagonists engaged in a battle to the end, did not show up and an air of promises unfulfilled hung over Armageddon yesterday.
> (もしあなたがこれを今読んでいるのなら, それは起こらなかったということです. 最後の戦いに参戦する聖書の主役たち, ゴグとマゴグは登場しませんでした. そしてきのうのハルマゲドンには, 約束が果たされない, という雰囲気が立ちこめていました.)

この文章を読んで "Gog and Magog" とは何のことだろう, と思った人も多いのではないでしょうか. "Gog and Magog" は, 「ヨハネの黙示録」20章8節に登場す

る，サタンに率いられ，ハルマゲドンで行われる最後の戦いで神の王国に挑む国々の名前です．

キリー記者は，さらに続けます．

> Soldiers patrolled the outer cordon of Armageddon, known in Israel as Meggido, an ancient city occupied by at least 17 different civilizations and which sits next to what is now Route 66 (One digit short of the numerological moniker for the Antichrist) on the edge of the Jezreel Valley. Inside the grounds of Meggido, police kept a close eyes on visitors.
>
> （兵士たちは，イスラエルではメギドとして知られる，ハルマゲドンの外側の非常線をパトロールしていました．この古代からの都市は，少なくとも17の異なる文明により占領され，イズレエル谷の端に伸びた現在のルート66［反キリストを示す数字〈666〉にひとけた足りない］の隣に位置しています．
>
> メギドの町の内部では，警察が訪れた人々を注意深く見張り続けていました．）

この記事によると，1999年の暮れに最後の戦いが起こることを待ち望んでいたり，それを実際に起こそうとする人たちが，「ヨハネの黙示録」で戦いが行われると預言されたハルマゲドンに集まってくることを防ぐため，イスラエルの警察はハルマゲドンを封鎖してしまったのです．つまり，先回りしてハルマゲドンに不審な人間が

立ち入ることができないようにしておけば,人為的に預言を実現させることはできないからです.

そして,1999年の暮れに最後の戦いが,ハルマゲドンで起こらなかったことはいうまでもありません.起きていたのなら,タイムズ紙は発行されず,私たちがこの記事を読むということはできなかったはずですから.

ところで記事に登場する反キリスト Antichrist とは,世界の終末時に救世主,キリストに敵対する存在として現れるものです.そして,それを表す数字,666 については,「ヨハネの黙示録」の中で人間を指す数字であるとして,次のように書かれています.

> This calls for wisdom. Whoever is intelligent can figure out the meaning of the number of the beast, because the number stands for the name of someone. Its number is 666.
>
> (ここに知恵が必要である.賢い人は,獣の数字にどのような意味があるかを考えるがよい.数字は人間を指している.そして,数字は六百六十六である.)〔ヨハネの黙示録 13: 18〕

「熱心」が「狂信」へと変わるとき

さて次に,"Police thwart zealots of Armageddon" という見出しに登場する zealots(狂信者)という言葉の由来について見ていきましょう.ウェブスター英英辞典で zealot という言葉を引いてみると,"a person who shows zeal, a fanatic…"(狂信ぶりを示す者，狂信者)という一般的な定義とともに，特にユダヤ教に関連する言葉であると説明されています．

日本語では「熱心党」と訳され，聖書にも登場する固有名詞としての Zealot は，戦闘的で過激で熱烈に愛国主義的なユダヤ教徒の集団でした．そして，ローマ帝国により支配されていたユダヤの地で，紀元 69 年から 81 年にかけて彼らの運動はひじょうに盛んになりました．Zealot たちは，ローマ帝国の支配を武力により打倒することを訴え，激しく抵抗したのです．そして Zealot たちの「狂信」的なまでの熱心さはさまざまな問題をもたらし，その後，「狂信者」全般を意味する言葉として zealot が使われるようになったのです．

それから 2000 年近く経った現代の世界でも，さまざまな種類の zealot たちが，自らの正当性を訴え，各地で戦いを繰り広げています．ですから，新たなミレニアムが始まろうとしている，1999 年 12 月 31 日の記事の見出しに，キリー記者が zealot という言葉を用いたことには，奥深いものがあります．

聖パウロ(使徒パウロとも呼ばれます)は，「ローマの信徒への手紙」の中で，当時の Zealot，「熱心党」の人々について，次のように書いています．

> Brethren, my heart's desire and prayer to God for Israel is, that they might be saved. For I bear them record that they have a <u>zeal</u> of God, but not

according to knowledge. For they, being ignorant of God's righteousness, and going about to establish their own righteousness, have not submitted themselves unto the righteousness of God.

（兄弟たち，わたしは彼らが救われることを心から願い，彼らのために神に祈っています．わたしは彼らが熱心に神に仕えていることを証ししますが，この熱心さは，正しい認識に基づくものではありません．なぜなら，神の義を知らず，自分の義を求めようとして，神の義に従わなかったからです．）〔ローマの信徒への手紙 10: 1-3〕

　今日，世界各地で紛争を繰り広げている zealot たち，ひとりひとりは，純粋な気持ちで，自分たちが信ずるもののために戦っているのかもしれません．しかし，それが自らが所属する集団以外への激しい攻撃や迫害をもたらし，泥沼の対立を生んでいることも事実なのです．今こそ私たちは，聖パウロが手紙の中でローマの信徒たちに訴えたことを思い返すべきなのです．

10 神はそれを良しとされた　It was good.

ヒトゲノム解読は神への冒瀆か

"Man created hysteria—and it was not good." (人類は病的な興奮を創造した—そして，それは良しとはされなかった)というのはサイモン・ジェンキンス記者が書いた，2000年6月28日付の英国のタイムズ紙の特集記事の見出しです．

実はこの見出しと聖書の間には深い関係があるといったら，意外に思われるかもしれません．なぜならこの見出しの英語は，一見とても単純なので，キリスト教についての知識があろうがなかろうが，すぐに理解できそうな感じがするからです．

ところがそうではないのです．この見出しも，これまで紹介してきた表現と同様，そこにこめられた意味を正しくつかむためには，聖書を知っておくことが欠かせないのです．

さて，この見出しと聖書との関係を調べるにあたり，まず，ジェンキンス記者がなぜ，"Man created hysteria—and it was not good." という見出しをつけたのか考えてみましょう．

聖書をお持ちの方は，1ページ目を開いてください．そこには神による天地の創造が書かれています．そして

I ニュース英語にみる聖書の表現

それは, Genesis(「創世記」)の第1章に当たります. genesis とはギリシャ語で「起源」を意味する言葉です. そしてタイムズ紙の記事は, 偶然にも同じギリシャ語起源の言葉で, genesis の関連語である, genome(「ゲノム」)に関するものです. また, genome はギリシャ語で「人種, 血統, 家系」を意味する "gene" と結びつく言葉です.

タイムズ紙のこの記事と「創世記」の関連とを調べるため,「創世記」の第1章, 聖書のまさに冒頭の言葉を見てみましょう.

> In the beginning God created the heaven and the earth…And God said, Let there be light: and there was light. And God saw the light, that *it was* good. (初めに, 神は天地を創造された. …神は言われた.「光あれ.」こうして, 光があった. 神は光を見て, 良しとされた.)〔創世記 1: 1-4〕

つまり, ジェンキンス記者は genome に関する記事の見出しとして, それと同じ語源の言葉, Genesis の冒頭の一部を引用したというわけです.

そして, これから記事で書こうとしていることに対しジェンキンス記者が, "it was not good"(良しとはされなかった)と否定的な評価を下していることが分かります. そして, それを強調するかのように, "hysteria" という否定的なニュアンスの言葉を用いています.

彼は記事の本文を次のような文章で始めます. "God

created Man in his own image. Man now creates Man in his own image. Man thus creates God. Man is God."（神は自分にかたどって人を創造した．いまや人は自分にかたどって人を創造する．それゆえ，人は神を創造する．人が神である．）

　論理が混乱している文章ですが，ゲノムをめぐる人々のヒステリーぶりを皮肉っているのかもしれません．

　実はこの記事はヒトゲノムの解読がほぼ完了したという，クリントン米大統領の発表の翌日に書かれたものです．そして，ジェンキンス記者はこの記事が "H-Y-P-E" gene（「誇大宣伝」遺伝子）に関するものだと前置きした上で，その遺伝子により製薬業界の人々や，科学ジャーナリストたちは，ヒステリックになってしまっているので，その人たちが保険に加入しようとしても，保険会社から断られるだろうと皮肉ります．

　彼は，ヒトゲノムの解読が，車輪の発明や月面着陸以上に大きな意味を持つものだという，関係者らのやや興奮気味の発言を紹介します．それに対し彼は，"When science promises not just to play God but to demystify His most glorious creation, mortals do well to rush indoors with a wet towel over their heads."（科学が神を演ずることを約束するばかりでなく，その最も輝かしい創造のなぞを解き明かすとき，人間は［神による罰をさけるため］濡れたタオルを頭に載せ，家の中に駆け込むのが賢明である）とアドバイスをします．この文章と，

「創世記」1章4節を念頭においた見出しの，"it was not good"を考え合わせるとき，彼がヒトゲノムの解読が神を冒瀆するような行為であると見ていることが分かります．

さらにこの文章で注目すべきことは，神の所有代名詞として，大文字で始まる"His"を用いていることです．私も神について語る際，その代名詞として，"He"や"His"を使います．私がそうするのは，私にとって神は，聖書に登場する唯一のGodだからです．そして，ジェンキンス記者もここで大文字の"His"を用いたということは，彼も同じように考え，強調しようとしているのでしょう．

「地図」を手に入れた人類の責任

このような興奮の一方で，政治家や聖職者たちの一部が，ヒトゲノム解読がもたらしかねない，恐るべき帰結について想像し始めていることをジェンキンス記者は指摘します．そして，激しい嵐が去った後，根こそぎひっくり返された農作物を調べて回る農民のように，彼らはヒトゲノム解読が人々の良識をいかに損なったかを調べ，それが悪用されることで，フランケンシュタインやヒトラーの再来をもたらしかねないことを，本気で心配しているとジェンキンス記者は言います．

ただ，ヒトゲノム解読を肯定的に論じている人も否定的に論じている人も，ヒトゲノム解読を過大に評価す

ぎている点では,どちらも誤りではないか,という意見もあります.たとえば,ワシントン・ポスト紙に掲載され,7月7日付の日本のデイリー・ヨミウリ紙(*The Daily Yomiuri*)にも転載された,"It's a Genome, Not a Cure-All"(それはゲノムであって,万能薬ではない)という見出しの記事は,ゲノムの地図を作成することにより,膨大な量の科学的な知識を手に入れられるとしても,それが即,実用化につながるわけではないという専門家の見方を紹介しています.そして,これと同じ見方に立つジェンキンス記者は次の文章でこの記事を締めくくります.

> We now have the map of El Dorado. We await the gold. Until then science should not play at God, it should just play at science.(今やわれわれは[伝説の黄金郷]エルドラドの地図を手にした.われわれは黄金[の発見]を待っている.そのときまで,科学は神[の役割]を演ずるべきではなく,科学の分を守るに留めるべきである.)

このように,聖書とは一見無関係に見える科学の記事にも,聖書の表現が登場していることが,お分かりいただけたと思います.そして,その表現が持つニュアンスは,聖書を読まないと理解できません.

さて,"It was good"という表現は,前に紹介した箇所以外にも,「創世記」第1章で繰り返し登場します.たとえば,10節では次のように使われています.

And God called the dry *land* Earth; and the gathering together of the waters called he Seas: and God saw that *it was* good.

(神は乾いた所を地と呼び,水の集まった所を海と呼ばれた.神はこれを見て,良しとされた.)〔創世記 1:10〕

この表現は 12 節, 18 節, 21 節, そして, 25 節で繰り返されます.そして,第 1 章を 26 節まで読み進んだとき,ジェンキンス記者はこの章のもうひとつ別の表現を念頭に,記事を書き始めたことも分かるのです.

And God said, Let us make man in our image, after our likeness:…

(神は言われた.「我々にかたどり,我々に似せて,人を造ろう…」)〔創世記 1:26〕

11 神への感謝　Blessing/Thank God

失って分かる健康のありがたさ

"I was in the airport, nervous about flying and… whoosh, I lost control…<u>Thank God</u> I had clean clothes with me,"(私は飛行場にいて，これからのフライトに神経質になっていました…そして，シャーッと漏らしてしまったのです．私は[自分自身を]コントロールできませんでした．ありがたいことに，私は，きれいな服を持っていましたが．)

これは，スーザン・ブリンクが書いた，2000年5月22日号の *U. S. News & World Report* 誌のカバーストーリー，"Prostate dilemmas"(前立腺のジレンマ)の冒頭で紹介された，前立腺ガンを克服した男性の体験談です．

同じ5月，ニューヨーク州選出の上院議員選挙への立候補の準備を進めていた55歳のルドルフ・ジュリアーニ・ニューヨーク市長が，前立腺ガンであると診断され出馬を断念，この病気があらためて注目を集めました．

この記事によると前立腺ガンは，皮膚ガンに次いで米国人男性が冒されることの多いガンです．前立腺ガンで亡くなる人は，65歳以上の人が大半で，比較的高齢者のガンだと思われてきました．しかし，この記事のサブタイトルに，"Early detection is forcing more men to

I ニュース英語にみる聖書の表現   61

weigh the difficult treatment options"([前立腺ガンの]早期発見は,より多くの男性に困難な治療の選択を比較検討するよう強いている)とあるように,近年の医療検査技術の進歩により,40代の男性でも前立腺ガンの前兆があることが,分かるようになったのです.この早期発見に威力を発揮しているのが, prostate specific antigen (PSA) test (前立腺特異抗原検査)と呼ばれる血液検査です.この検査により,毎年18万人の前立腺ガンが早期発見されています.

 ただ,前立腺ガンを早期に治療することには,リスクも伴います.その治療により,性的不能になることや,排尿をコントロールする神経が麻痺してしまうことがあるからです.そしてこのことは,まだ働き盛りの40代の男性にとっては,まさにジレンマとなるのです.この記事の筆者,スーザン・ブリンクも,次のように書いています.

> The test detects an enzyme made by the prostate, and its sensitivity to early cancer is both a <u>blessing</u> and a terrible burden.
> (その検査が前立腺により作られた酵素を検出すること,そして,その検査の早期[前立腺]ガンに対する敏感さは,ありがたく,そして,つらい重荷である.)

 健康な人間の多くは,自分が健康であることを当然のことのように考え,そのことをあらためて誰かに感謝す

るなどということはしません．しかし，病に冒されると，あらためてそのありがたさが分かるのです．

前立腺ガンを特集したこの記事の中で，この病を克服した男性が，自らの体験を語る中で"Thank God"という表現を用い，また，スーザン・ブリンクが，前立腺ガンの早期発見の検査について，"blessing"と述べていることは，示唆に富んでいます．

実は，"Blessing"も"Thank God"も，聖書の中で多用されている表現なのです．たとえば，"Blessing"は次のように使われています．

> He that saith unto the wicked, Thou *art* righteous; him shall the people curse, nations shall abhor him: but to them that rebuke *him* shall be delight, and a good blessing shall come upon them.
>
> （罪ある者を正しいと宣言するならすべての民に呪われ，すべての国にののしられる．罪ある者を懲らしめる人は喜ばれる．恵みと祝福がその上にある．）
>
> ［箴言 24：24-25］

また，"Thank God"という言葉は，『新約聖書』に収められた数多くの「使徒書簡」("Epistles")を書いた聖パウロが，フィリピの信徒に宛てた手紙の中で次のような形で用いています．

> I thank my God for you every time I think of you; and every time I pray for you all, I pray with joy because of the way in which you have helped me in

the work of the gospel from the very first day until now.

（わたしは，あなたがたのことを思い起こす度に，わたしの神に感謝し，あなたがた一同のために祈る度に，いつも喜びをもって祈っています．それは，あなたがたが最初の日から今日まで，福音にあずかっているからです．）［フィリピの信徒への手紙 1:3-5］

愛情あふれる株式投資家

　さて，この "Thank God" という表現，2000年10月12日のCNNでは，株式市場という，一見，この表現にはまったくそぐわない分野のニュースに登場しています．

　この表現を用いたのはまだ若い投資家，ティモシー・キーブンニーです．彼は，ニューヨーク，タイムズスクエアの，NASDAQの巨大な株価表示スクリーンを見ながら，"This is all about my kid's education. And I thank God I have time on my side."（これはすべて子どもの教育にかかわることなんだ．そしてありがたいことに，時は私の味方をしてくれている）と，CNNのインタビューに答えました．

　NASDAQ総合指数はこの日，3月につけた最高値からおよそ40パーセント下落した水準で1日の取引を終えました．CNNの記者は，NASDAQ総合指数が下落した一因として，イスラエルとパレスチナ間の紛争の再燃により，中東情勢がにわかに緊迫してきたことを挙げ

ました．

CNN の別の記者はまた，ここ数年間の NASDAQ の株の急騰と急落により，一部の投資家は NASDAQ への投資をギャンブルのように危険なものと見なすようになり，投資を手控え始めていることも，株価低迷の原因として指摘しました．

さらにこの日，原油価格が一時，1 バレル（約 159 リットル）37 ドル（約 4100 円）まで上昇したことも，こうした傾向に拍車をかけました．ニューヨーク株式市場のダウ工業株 30 種平均は 379.21 ドル下落し，2000 年に入ってからの最安値をつけ，NASDAQ 総合指数も 93.81 ポイント低下し，3074.68 になりました．

3074.68 という水準は，3 月の 5132.52 というピーク時と比べると，暴落と呼んでもいいほど下がっているように思えます．しかし，10 年前，つまり，1990 年 10 月の NASDAQ 総合指数の値，361 と比べてみるならば，まだ高い水準を維持しているということもできます．

株式に投資していない人や，こうした話題に関心のない人には，現在の NASDAQ の株価指数が高いか低いかという話題は，やたらとこみ入った話に思われるかもしれません．

しかし，NASDAQ の指数が，10 年前と比べるならば，まだ 10 倍近く上昇していることさえ頭に入れておけば，子どものいる 30 代の投資家，ティモシー・キーブンニーが，株価急落で慌てふためく人々を尻目に，冷静でい

られる理由が分かるでしょう．つまり，彼は，子どもの教育費がかさむようになるときを見こして，何年も前から長期的な視野に立ち投資を行ってきたのです．そしてその間，株価は上昇を続け，子どもの教育費をまかなうのに十分な金を，蓄えておくことができたのです．そして，最近の急落により投資した株の価値が目減りしたとしても，それは，これまで積み上げた資産で楽に埋め合わせることができます．

　投資というと，greedy（貪欲）な人間のすることだという先入観を抱いている人もいるかもしれません．しかし，自分の子どもの将来を第一に考え投資をするティモシー・キーブンニーの言葉からは，子どもに対する愛情が感じられます．株価表示スクリーンを見ながら，"I thank God"と言う彼を見ていると，神を愛する者は，自らの子どもも愛するものなのだな，と思いたくなってしまいます．

12　棕櫚の日曜日　Palm Sunday

投資家を熱狂させた株式公開

　"Holy PDA! It's Palm Thursday"(ホーリー PDA! きょうはパーム・サーズデー)は，2000年3月13日号の *U. S. News & World Report* 誌の Business & Technology のページに掲載された記事の見出しです．

　「Palm Thursday だって？」と，この見出しを見た欧米人は，驚くに違いありません．なぜなら，Palm Sunday(棕櫚(しゅろ)の日曜日)はあっても，Palm Thursday など存在しないからです．

　Palm Sunday は，キリスト教の祝日のひとつで，Easter(復活祭)直前の日曜日です．だから，復活祭と同じように，年によって日にちが変わります．2000年は4月16日，そして，2001年は4月8日，2002年は3月24日，2003年は4月13日，2004年は4月4日が Palm Sunday です．ただ，とても残念なことに，日本では，キリスト教の祝日というと，クリスマスとバレンタインデーばかりが注目されていて，Palm Sunday の名前すらあまり知られていないようです．

　Palm Sunday という祝日があることや，それがどのような祝日なのかを知らないと，この記事を書いたウォーレン・コーエン記者が，なぜこのような見出しをつけ

たか，理解することができないでしょう．そして，それが理解できないと，この見出しの面白さが分からないのです．

ちなみに，この記者の名前コーエン Cohen から，彼がユダヤ人であることが分かります．Cohen または Kohen は，ヘブライ語で大祭司という意味で，初代の Kohen と考えられる，モーセの兄アロンの子孫であるユダヤの司祭階級の一員です．[出エジプト記 28, 40: 13-16]

では，"Holy PDA! It's Palm Thursday" には，どのような意味がこめられているのでしょうか．まず，"Holy PDA!"ですが，これは Holy Week(聖週間，受難週)と引っ掛けたものだと考えられます．なぜなら Easter 前の1週間，Holy Week は，Passion Sunday(御受難の主日)とも呼ばれる Palm Sunday から始まるからです．

では，PDA とは何でしょうか．これは，キリストの時代に由来する Holy Week や Palm Sunday とは対照的にひじょうに新しい言葉で personal digital assistant(携帯情報端末)の略称です．確かにこの記事の見出しの横の写真には，携帯情報端末を使っている3人の男性が写っていて，以下のようなキャプションが添えられています．

　Lawyers at a Chicago firm put their Palms to good use. 'Palm is the Kleenex of hand-helds.'

　(シカゴの弁護士事務所の弁護士たちは，自分たち

のパームを活用している.「パームは携帯端末のクリネックスだ」)

ここまで読んでくると,"Holy PDA! It's Palm Thursday"の"Palm"は,Palm Sunday の名の由来ともなり,その祝日を祝う人々が,一心にその枝を手に握り締める palm tree(棕櫚の木)と,携帯情報端末の最大手メーカー,Palm 社(この Palm は,「手のひら」の palm に由来するものですが)とを引っ掛けたものであることが分かったかもしれません.

もっとも,PDA や Palm 社などと聞いても,ピンとこない人もいるかもしれません.そういう人のためにコーエン記者は PDA について,"a computer the size of a deck of cards that keeps addresses, calendars, and to-do lists"(住所録,カレンダー,予定表などを記録しておく,トランプ 1 組分の大きさのコンピュータ)と,補足説明しています.

さて,"Holy PDA! It's Palm Thursday"という見出しの,"Holy PDA!"と,"It's Palm"にこめられた意味については,いちおう分かりました.では,なぜ"Thursday"なのでしょうか.実は 2000 年 3 月 2 日の木曜日,Palm 社は IPO(株式初公募=initial public offering)を行っていたのです.そして,その株に投資家は殺到し,公開されたばかりの Palm 社の株は急騰,3 日金曜日の終値は,公募価格の倍以上の 1 株 80 ドル(約 9500 円)まで上昇,同社の株式時価総額は 430 億ドル(約 5 兆 1000 億

円)にも達しました.このため,同社の IPO は,史上最も成功した IPO と呼ばれるようになったのです.

なぜ,Palm 社の IPO はこんなにも華々しい成功を収めたのでしょうか.ひとつには株式公開が行われた 2000 年の 3 月には,インターネット関連の企業の株価が急騰し,インターネット・バブルとも呼べる状態になっていたことがあります.しかし,それ以上に大きな要因は,携帯情報端末の一般消費者への普及の速さが,テレビやラジカセを上回る史上最高のスピードであることです.投資家は,携帯情報端末の将来性に大きな期待を抱いたのです.しかも,Palm 社のシェアは 68 パーセントと,2 位の CASIO 社の 6 パーセントを大きく引き離し,ひとり勝ちともいえる状況になっているのです.

宴のあとの悲しみ

さて,"Palm Sunday" は,何に由来するキリスト教の祝日なのでしょうか."Palm Sunday" は,イエスのエルサレムへの入城を,人々が palm tree(棕櫚の木)の枝を手に持ち,迎えたことに由来します.その様子について,「ヨハネによる福音書」は次のように描写しています.

> The next day the large crowd that had come to the Passover Festival heard that Jesus was coming to Jerusalem. So they took branches of palm trees and went out to meet him, shouting, "Praise God! God bless him who comes in the name of the Lord! God

bless the King of Israel!"

> (その翌日,祭りに来ていた大勢の群衆は,イエスがエルサレムに来られると聞き,なつめやしの枝を持って迎えに出た.そして,叫び続けた.「ホサナ.主の名によって来られる方に,祝福があるように,イスラエルの王に.」)〔ヨハネによる福音書 12: 12-13〕

また,「ルカによる福音書」では,イエスのエルサレム入城を次のように描いています.

> …and they took the colt to Jesus. Then they threw their cloaks over the animal and helped Jesus get on. As he rode on, people spread their cloaks on the road.
>
> (…そして,子ろばをイエスのところに引いて来て,その上に自分の服をかけ,イエスをお乗せした.イエスが進んで行かれると,人々は自分の服を道に敷いた.)〔ルカによる福音書 19: 35-36〕

Palm Sunday の日,多くの国々では,キリスト教のミサが始まる前に人々は,長いろうそくと棕櫚の枝(私が生まれたレバノンでは,オリーブの枝でしたが)を手に持ち,教会の周りを祈禱しながら進みます.レバノンではこの日,子どもたちは新品の靴を履き,真新しい服を着て,イエスのエルサレム入城の祝日を祝います.

その日のミサで,カトリックの司祭は赤い祭服に身を包みます.これは,イエスの血が流れたことを象徴して

います.さらにキリスト教美術では,棕櫚の枝は,殉教を象徴しています.そして,前に述べたように "Palm Sunday" は "Passion Sunday" とも呼ばれます.なぜなら,この日から,イエスの受難,そして,復活に至る聖なる1週間が始まるからです.

ユダにより裏切られたイエスが逮捕され,裁判にかけられ,不正に裁かれ,嘲られ,殴られ,そして十字架にかけられるまでの様子が,この日のミサで読み上げられます.

ですから,キリスト教の信者にとって "Palm Sunday" というと,華やかなお祭りのような雰囲気がある一方で,その次に起こるイエスの受難という重苦しいイメージもあるのです.

コーエン記者にとって Palm 社の IPO は,明と暗が複雑に入り交じった "Palm Sunday" のイメージと二重写しになって見えたに違いありません.投資家たちは,ウォール街への Palm 社の登場を,これまでにない熱狂ぶりで大歓迎しました.しかし,その先,Palm 社は数々の苦難に直面するであろうことをコーエン記者は,"Holy PDA! It's Palm Thursday" という見出しにこめたのです.

(編集部注:Palm 株はその後 165 ドルまで上昇したあと急落,2000 年 5 月には,19.875 ドルまで下落した.)

II
暮らしのなかのキリスト教英語
―行事と慣習―

キリストの聖体祭日の行列．教会のまわりの通りをねり歩く司祭，侍者の少年，信者たち(筆者の弟ジョージ・アブデル・ジャリル撮影)

キリスト教は，欧米をはじめとする世界の文化にさまざまな側面で大きな影響を与えています．行事・風習はもちろん，日常生活で目や耳にする言葉・表現にもキリスト教に関係するものがたくさんあります．この章では，キリスト教に関係する年間行事などを取り上げ，私たちのまわりにどれほど影響を与えているかを見ていきます．

1 天使祝詞　Hail Mary

"HAIL MARY"という2語が2000年11月20日のニューズウィーク誌(*Newsweek*)の長い記事中の写真の下にありました．「ワシントンに戻ったゴア家の人々はタッチフットボールでくつろぐ」というキャプションが続きます．当時のアメリカ大統領候補ゴア氏が家族と一緒にフットボールをしている様子を撮した写真でした．

一方，フロリダ州では投票数え直しの問題が全米の人々を困惑させていました．次期大統領になるのはゴアかブッシュか．実はここから冒頭の"HAIL MARY"という2文字につながるのです．なぜでしょう？

この語はカトリック信者が毎日唱える祈りの最初の2語で，ラテン語では"Ave Maria"です(Ave＝Hail)．で

もゴア家はカトリック信者ではなくプロテスタントですから(新大統領ブッシュとその家族もプロテスタント), Hail Mary を唱えることはないでしょう. この記事の筆者はもちろんそれを知っていますが, ではなぜ, カトリックもプロテスタントも唱える The Lord's Prayer(主の祈り)の最初の2語である "Our Father"(ラテン語では Pater noster)ではなく "Hail Mary" と書いたのでしょうか.

　1975年12月28日, アメリカのフットボール・リーグでダラス・カウボーイの選手ロジャー・ストウバックが, ゲーム終了の何秒か前に50ヤードのタッチダウン・パスを投げて試合に勝ちました. この奇跡のような勝利の後, ストウバックはそのパスを "Hail Mary Pass" と呼びました. このことから以後, ほとんど勝つ見込みのないゲームで祈りとともに死にもの狂いで投げるロングパスのことを "Hail Mary Pass" と呼ぶようになったのです. もともとフットボールから始まった言葉ですが, 他のスポーツでも, また日常生活でも, 必死になって神の介入や天使の助けを求めるときに使われます. そしてゴアは, フロリダの最後の秒読みの日々に神の介入を祈ったに違いありません. だから, 筆者はタッチフットボールのシーンで Hail Mary Pass を連想し, ゴアが大いに祈りを必要としていたことを表現したかったわけで, この写真は偶然に選ばれたものではなかったのです.

Hail Mary の祈りの起源と由来

このような祈りを理解するために，2000年前のガリラヤのナザレという町の，イエスの母となるよう神に選ばれたマリアというユダヤ人の少女の家で何が起きたか見てみましょう．

天使ガブリエルが突然マリアの家を訪れて，こう言いました．

「Hail(おめでとう)，恵まれた方．主があなたと共におられる．」[ルカによる福音書 1: 28]

今では海外旅行先のみならず日本でも，美術館などで The Annunciation(お告げ)と呼ばれるこの天使のマリア訪問の場面を見ることができます．この歴史的なできごとは私たちの現代生活の中でも大きな役割を演じ続けているのです．今も世界中で午前6時，正午，午後6時にカトリック教会の鐘が鳴らされます．これは Angelus Bell(アンジェラスの鐘)と呼ばれます．ミレーの名画『晩鐘』Angelus はみなさんもご存じでしょう．アンジェラスの鐘は，カトリック信者が，その時刻にお告げの祈りをするようにさせるためのものです．カトリックでは3月25日に The Feast of the Annunciation(お告げの祝日)を祝い，この日は Lady Day とも言われます．Angelus という言葉は，Angel(天使＝ギリシャ語の angelos に由来)という言葉を連想させます．

ナザレの町に話を戻すと，お告げで心を乱されたマリアに，天使はこう言いました．「マリア，恐れることは

ない.あなたは神から恵みをいただいた.あなたは身ごもって男の子を産むが,その子をイエスと名付けなさい.」〔ルカによる福音書 1:30-31〕

しかしマリアは天使に言いました.「どうして,そのようなことがありえましょうか.わたしは男の人を知りませんのに.」〔ルカによる福音書 1:34〕天使は安心させようとして,「聖霊があなたに降り,いと高き方の力があなたを包む.だから,生まれる子は聖なる者,神の子と呼ばれる…」と言いました.〔ルカによる福音書 1:35〕

12月24日,CNN のレポーターがニュースで「月曜日はクリスマスです.クリスチャンたちがベツレヘムの飼い葉桶の中でのイエス・キリストの virgin birth(処女降誕)を祝う日です」と言いました.残念ながら日本語訳は virgin birth を省略してしまいましたが,これは非常に重要で,クリスチャンたちはマリアのことを The Virgin Mary と言い,単に "The Virgin" とも言います.

またカトリックでは12月8日に "The Feast of the Immaculate Conception"(無原罪の御宿りの祝日)を祝います.これはオーストリアやイタリア,スペインその他いくつかのラテン系の国では国の祝日となっています.聖母の祝日は他にも次のようなものがあります.

2月2日:The Purification of the Blessed Virgin Mary(聖母マリアの清めの祝日)イエスを出産後40日経って神殿に奉献したことを Candlemas Day(聖燭節)に祝う.

8月15日：The Assumption of the Blessed Virgin Mary または Feast of the Assumption（聖母の被昇天祭）聖母の死とその肉体が天に上げられたことを祝う大きな祭日．イタリア，スペイン，オーストリア，フランス，ギリシャ，ルクセンブルクなどで国の祝日となっている．

9月8日：The Nativity of the Blessed Virgin Mary（聖母マリアの誕生の祝日）

Mary に由来する人名

スペイン語を話す人々は処女マリアの無原罪の御宿りを記念して，女の子の名前に "Conception"（受胎）という言葉を使います．また "Virginia" とか "Virginie" という名前は Virgin Mary と結びついています．

このように，多くの祝日にマリアが祝われるのは，彼女が神に選ばれ処女降誕によってイエスの母となりヒロインとなったからです．多くのクリスチャンたちはこのヒロインにあやかりたいと赤ちゃんにこの名前をつけたいと望みます．そこで Mary は女の子に一番人気のある名前となっており，一部の国では男の子にも Jean-Marie, Paul-Marie, Jose-Maria というように二番目の名として使われています．でも女の子の場合は，そのまま Mary か，Marie-Antoinette, Marie-Rose, Rosemary というように他の名前と組にして使われます．他には Mariam, Myriam, Mariem（これらはヘブライ語またはアラビア語），Maureen（アイルランド語），Mairin

(ゲール語), Marie, Maria, Marya, Marilyn, Maurine, Moira, Moyra, Marylyn, Marylynne などがあります. また人名以外でも, Marysville, Maryville, Maryland はアメリカの町と州の名前, Maryborough はオーストラリアの海港の名前などとつけられています.

神に対する従順のシンボル

マリアはなぜヒロインになったのでしょうか? それは彼女が神に従順だったからです. 彼女はためらいませんでした. ガブリエルに「どうして私に?」とか「明日来て下さい」とか「考えておきましょう」とは言いませんでした. 彼女は神に対する従順・謙遜のシンボル, 神を頼り神を信じてあらゆる試練を受け入れることのシンボルとなりました. 彼女は "FIAT" として知られる有名な言葉を言いました. FIAT はラテン語で "Let it be done"(み旨のままに)という意味です. イタリアの自動車メーカーが FIAT(Fabbrica Italiana Automobili Torino の略)という社名をつけたとき, 多くのイタリア人たちは冒瀆的な感じがすると言って怒りました.「わたしは主のはしためです. お言葉どおり, この身に成りますように」[ルカによる福音書 1: 38]というのは, 処女マリアがいとも謙遜に従順に言ったことで, だからこそ彼女は世界中のクリスチャンに記憶されているのです.

2 クリスマス Christmas / Noel

クリスマス休暇

2000年12月26日のイギリスの新聞ミラー紙 (*The Mirror*) に，"Space Station Lights Christmas Heavens" というタイトルで次のような記事がありました．

> A MAN-made Christmas star leaves a trail of brilliant light across the heavens as it orbits 300 miles above Earth.
>
> (人工のクリスマスの星が地上300マイルの軌道に乗って天国中に輝かしい光の航跡を残している．)

ここで Christmas star という表現が使われていますが，クリスマスツリーのてっぺんやクリスマスカードにもあしらわれているこの星はベツレヘムの星 (Star of Bethlehem) とも言われ，イエスの誕生の際に空に現れた異様に明るい星を指しています．それを見た3人の博士たちは東方からはるばるエルサレムにやってきました．

> …Where is the baby born to be the king of the Jews? We saw his star when it came up in the east, and we have come to worship him.
>
> (…ユダヤ人の王としてお生まれになった方は，どこにおられますか．わたしたちは東方でその方の星を見たので，拝みに来たのです．) [マタイによる福

II 暮らしのなかのキリスト教英語　　　81

音書 2:2]

　その星がベツレヘムに現れたことを知った博士たちは，星に導かれて赤子イエスのところへたどりつくことができたのです．

　さて，冒頭のミラー紙の記事では，400億ポンドをかけて創設された国際宇宙ステーションでも「3人の」宇宙飛行士たちがクリスマスを祝った様子を伝えています．

> …the three astronauts enjoyed a Christmas dinner of rehydrated turkey, and opened presents delivered by the Space Shuttle.
> (3人の宇宙飛行士たちは乾燥七面鳥を水で戻してクリスマスのごちそうを楽しみ，スペースシャトルで届けられたプレゼントを開きました．)

　さらに，彼らはクリスマスには仕事を免除され宇宙ステーション・アルファ号で過ごし，地球の家族とインターネットで挨拶を交わしたりしたそうです．

　筆者は日本へ来た当時，クリスマスが休日でないのにとても驚きましたが，日本のみなさんにとっては宇宙飛行士がクリスマスに休むということは驚きでしょう．ただ，イギリスでもクリスマスの過ごし方が変わりつつあるようです．同じ新聞の他のページに掲載されていた次の記事では，タイトルは大文字で "OPEN NOEL HOURS"（クリスマスも営業），小見出しに "Britain carries on shopping as the tills ring out on Xmas Day."（イギリス人はクリスマスに，レジの音が鳴り響く中で買い物

を続ける)とあり，"Britain ignored Christmas tradition yesterday as the big stores opened all hours."(大商店が24時間営業し，イギリス人はクリスマスの伝統を無視した)と記事が始まります．

It is for people who have forgotten last-minute things like cream to put on their Christmas pud, but it is mainly for motorists and is part of an ongoing trial of shops on petrol stations.
(それはクリスマスプディング用のクリームなどを買い忘れてどたんばで入手しようとする人々のためですが，主として車を運転する人のためであり，ガソリンスタンドにある店が目下受けている試練の一つなのです．)

こうした動きを受けて，商店従業員の組合 USDAW はクリスマスの1週間後に，広さ3万平方フィート(約840坪)未満の商店にクリスマス当日の営業を禁止する法案を英国政府に要求し，2万人の署名を集めた嘆願書を提出しました．

クリスマスプレゼント

"Christmas comes early this year for Lodestar restorers."(Lodestar の修理工たちにとって今年はクリスマスが早くやってくる)とは，2000年2月8日付の英紙ヘラルド(*The Herald*)に掲載された記事のタイトルです．

Ⅱ 暮らしのなかのキリスト教英語   83

Monday morning was like Christmas at the Gisborne Aviation Preservation Society's hangar.
(ギズボーン航空機保存協会の格納庫の月曜日の朝はクリスマスのようだった.)

　これは,ギズボーン航空機保存協会にその月曜日の朝,3年間待ちに待ったフィールデール・ホールディングス社が寄付したロッキード社のロードスターの部品の入った箱が届いたというニュースで,その中身を見たくてたまらない協会員たちを,クリスマスにプレゼントをわくわくして待つ子どもたちの様子に重ね合わせているのです.

　ニューヨーク市立大の物理学教授のミチオ・カク氏は2000年6月10日付のタイム誌に "What will replace Silicon?"(何がシリコンにとってかわるのか?)と題した記事で,科学技術の将来とクリスマスプレゼントについて次のように書いています.

Can silicon-based computer technology sustain Moore's law beyond 2020? Moore's law is the engine pulling a trillion-dollar industry. It's the reason kids assume that it's their birthright to get a video-game system each Christmas that's almost twice as powerful as the one they got last Christmas. It's the reason you can receive (and later throw away) a musical birthday card that contains more processing power than the combined computers of the Allied Forces in World War II.

(シリコン基盤のコンピュータ・テクノロジーはムーアの法則を 2020 年の後まで維持することができるか？ ムーアの法則は 1 兆円産業の牽引車であり，だから子どもたちはクリスマスごとに前年のクリスマスのプレゼントのほぼ 2 倍も強力なビデオゲームをもらって当然と思うのである．そして，その結果，私たちは第二次世界大戦における連合軍の共同コンピュータよりさらに高性能なデータ処理能力を持つオルゴールつきバースデーカードをもらう[そして捨てる]ことができるのです.)

クリスマスカードのメッセージ

最後に，クリスマスカードのメッセージをいくつか紹介しましょう．

A CHRISTMAS PRAYER FOR SOMEONE SPECIAL—Good people will be remembered as a blessing…Proverbs 10:7

(特別な人のためのクリスマスの祈り——神に従う人の名は祝福される[箴言 10:7])

この言葉はよく，クリスマスの飾りに使われるポインセチア poinsettia とヤドリギ mistletoe をあしらった美しいカードの表紙に金文字で印刷されています．

次のメッセージはロンドンに住む筆者の甥と姪が送ってくれたものです．

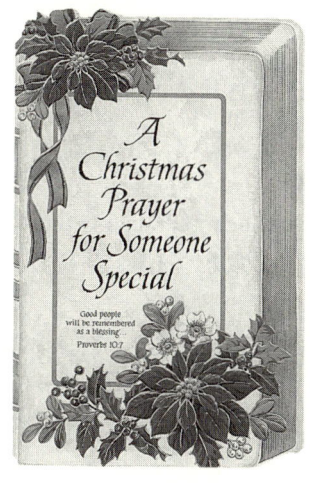

クリスマスカード

To the dearest AUNTIE and UNCLE at Christmas. In a season of happy memories it's a pleasure to wish both of you a Christmas that you'll remember with love each day the whole year through— MERRY CHRISTMAS AND HAPPINESS ALWAYS.
(大好きな伯父様, 伯母様へ, クリスマスに. 楽しい思い出を新たにするクリスマスのこの季節に, 一年を振り返ってお二方とも愛に満ちた楽しい日々をお過ごしになりましたことをお喜び申し上げます. クリスマスおめでとうございます. そしていつまでもお幸せに.)

3 3人の博士と公現祭　Epiphany

3人の博士が見た星

　Did this 'star' help the Magi to find the stable?
　(この「星」は東方の三博士が馬小屋を見つけるのに役立ったでしょうか？)

　これは，イギリスのタイムズ紙の科学欄に載った記事のタイトルです．記事では，ニュージャージー大学の天文学者が古代ローマ時代のコインに刻まれた星座の文様をきっかけに，キリスト誕生の折にベツレヘムの夜空に輝いた星が実在したことを証明する研究に取り組んでいることを紹介しています．

　前節で3人の博士がキリストが生まれた飼い葉桶のところへ，ひときわ明るく輝く星に導かれて訪ねていったことを紹介しました．その3人の博士を Wise men とか Magi と呼び，彼らが星に導かれてキリスト生誕の地を訪ねたことを The visit of the Magi と言います．Magi とはラテン語の Magus(「賢人」の意味．ギリシャ語では Mágos)の複数形です．magic は Mágos から派生した語です．

　キリスト教圏ではもとは1月6日が Epiphany of Our Lord(主の公現)という大きな祝日でしたが，最近はそれが1月6日より前の最初の日曜日に移されています．

ウェブスターの大百科事典で接頭辞 epi を引くと, ギリシャ語から来た外来語につく接頭辞で, upon, on, over, near, at, before, after という意味であることが説明されています. epiphany(公現)の言葉のもとになったギリシャ語 epipháneia は「出現」を意味します. 公現祭は東方の三博士という gentiles(異邦人)の前にキリストが現れたことを祝うキリスト教の祭日なのです. ちなみにブランドの Tiffany は, 神の人間に対する顕現あるいは出現を意味する theophany から来ています.

王様たちのケーキ　galette des Rois

　公現祭(Epiphany)にはスペインでは贈り物を交換します. またこの日には人々が東方の三博士の服装で病院を訪問したり街をパレードしたり, あるいはデパートでバーゲンセールが行われて客が殺到したりする様子が見られます. 私の小学校では公現祭の日にはそのお祝いの後に学校へ戻って, 前日に用意されたおいしいお菓子を食べたものです. フランス語で「王様たちのケーキ」という意味の galette des Rois は公現祭に食べるお菓子で, アーモンドとバターと砂糖とサクランボのブランデーで作るケーキの中に, 豆や指輪, あるいは幼子イエスを模した小さな像を隠しておきます. ケーキを切り分けて自分の取り分のケーキの中にその隠し物が入っていた人は王冠をかぶせられ, "Bean-King"(豆の王様)になります. "He has found the bean in the cake."(彼はケーキの中に

レバノン，メタイレブの聖心センター(慈善機関)における
公現祭の祝い

豆を見つけた)とは，宝くじに当たったとか思わぬ幸運に恵まれてラッキーであるときに使う表現です．なお，このケーキのことを英語では "Twelfth-night cake" と呼びます．公現祭はもともとクリスマスの後12日目だったからです．シェイクスピアの喜劇のタイトルにもなっている Twelfth-night(十二夜)はこの Twelfth-day の前夜のことで，公現祭イブとなります．またこの時期のことを Twelfthtide(十二日節)と呼びます．

1995年12月15日のジャパン・タイムズ紙(*The Japan Times*)には，"Frankincense, myrrh and Chanel No. 5"(乳香，没薬，そしてシャネルの5番)というタイトルの記事がありました．frankincense(乳香)と myrrh(没薬)は3人の博士がキリスト誕生のお祝いとして持参し

た3つの貢ぎ物のうちの2つで，3つ目の gold（黄金）をシャネルに置き換えているのですが，三博士のエピソードを知らないとこのタイトルのおもしろみも半減します．

物事の本質を突然に悟る epiphany

epiphany は現実に対する突然の直観的な認知あるいは洞察，また単純で家庭的でありふれたできごとや経験から突然物事の本質を悟ることを意味する言葉でもあります．

> At a critical moment in their lives they experienced an epiphany——a sudden and powerful moment of heightened awareness when they understood that another path lay before them.
>
> （彼らは生涯の危機的な瞬間において，epiphany を経験しました——それは目の前に別の道があると悟ったときの，突然の力強い士気高揚した自覚の瞬間でした．）

これは，アムステルダム出身のピーター・ダグリッシュによる 2001 年 4 月 20 日付インターナショナル・ヘラルド・トリビューン紙の "We Need to Harness Youthful Idealism"（私たちは若者の理想主義を活用する必要がある）と題した記事の一部です．ダグリッシュは Street Kids International（国際路上生活児童支援協会）の創設者で，この会は戦争によって路上生活を強いられている子どもたちのための事業を行っています．彼は 1984 年

にエチオピアのオガデン砂漠の救急給食場でかろうじて生きているようなやせ衰えた子どもたちに取り囲まれたとき，epiphany を経験したと述べています．そして次のように記事は続きます．

> But I have never met anyone who experienced an epiphany hanging out at the water cooler in an air-conditioned office tower. The problem is that so few young people are presented with the option of volunteering in Africa or Asia.
> (しかし私はエアコンのきいたオフィスで冷水器の回りにたむろしているときに epiphany を経験したという人に出会ったことはありません．問題は，若い人々がアフリカやアジアでボランティアに参加する機会を提供されることがほとんどないということです．)

私はこのヒューマニストの意味深いコメントが多くの人々にとっての epiphany となることを願っています．

最後に，私の姪が通っていた高校の礼拝堂付司祭の言葉で締めくくりましょう．

> Epiphany calls us to a new vision of the world that sees beyond walls and borders we have created.
> (epiphany はわれわれが作った壁や境界線を越えてその向こうを見ることのできる新しい世界観へとわれわれを導いてくれる．)

4 騒然とした聖金曜日
A Turbulent Good Friday

エリアン少年強奪事件

　1999年11月21日，自由の国アメリカで新しい生活を始めようと嵐の海を小さな無甲板船で渡ったキューバ人の母親エリザベット・ブロトン・ロドリゲスが溺死し，世界中の人々の同情を集めました．しかし，彼女の6歳になる息子エリアン・ゴンザレスは漂流し命を長らえ，奇しくも感謝祭の日(11月23日)にフロリダ沖で漁師に助けられました．そして彼はフロリダに住む大叔父といとこの家に引き取られましたが，ここに問題が生じました．彼の父親は妻と離婚して別の女性と再婚していましたが，息子がキューバに戻ることを希望しました．一方，大叔父たちは，エリアンの母親が命の危険を冒しても息子とアメリカに移住したがっていたという遺志もあり，彼を自由なフロリダの地に置くことを望みました．この事件はアメリカ司法部に持ち込まれ，エリアンはキューバへ帰るべきか，アメリカに留まるべきかで世界のマスコミを騒がせることとなりました．

　そして2000年4月22日午前5時，9ミリMP5の軽機関銃で武装した入国帰化管理局(INS)の係官がフロリダ州マイアミのリトル・ハバナにあるエリアンが滞在する大叔父の家に突入し，泣き叫ぶ少年をひっとらえたの

でした．その衝撃の場面をとらえた写真は世界のニュースの第1面を飾りました．

2000年5月1日のタイム誌に掲載された長い記事は，次のような言葉で始まっていました．

> A turbulent Good Friday gives way to a dramatic and surgical invasion of the Gonzalez home——and a long-awaited reunion between Elian and his dad.
> (騒然となった聖金曜日は，ゴンザレス家への劇的かつ外科手術的な侵入と待望のエリアンと父親との再会にお株を奪われることになる．)

Holy Week（聖週間）やEaster（復活祭）の知識がなければ，この場合，"Good"がHolyの意味であることに気がつかないし，Good FridayがEaster前の金曜日を指すことも分からないでしょう．

Easterは，毎年12月25日と決まっているクリスマスのように確定の日付ではありませんが，いつも日曜日にあたります．たとえば，2004年の復活祭は4月11日に祝われ，2005年は3月27日，2006年は4月16日になります．

聖金曜日の祝祭日

Good Fridayは，イエス・キリストの磔(はりつけ)を記念するもので，世界中の多くの国々の祝祭日となっています．この日から，キリストの遺体がお墓に入れられるまでを再び体験するために断食し，祈り，The Way of the

Cross(十字架の道)でキリストの受難を思い,黙想するのが Holy Week(聖週間)です.たいていのカトリック信者はキリストが行った40日40夜の断食修業を記念して,Lent(四旬節),すなわち Ash Wednesday(灰の水曜日)と Good Friday との間の期間(日曜日を除く40日間)の毎金曜日に「十字架の道行」をして祈り黙想します.

聖金曜日のテレビニュースでは,ローマ教皇が十字架を持ってカトリック信者や巡礼者の先頭に立ち,コロセウムの The Way of the Cross まで行くさまを流します.パリの大司教はローマ・ビザンチン様式の大聖堂であるサクレ・クール寺院に至る小高いモンマルトル地区で同じことをします.エルサレムでは,旅行者や宗教指導者たちが,ラテン語で Via Dolorosa(=Dolorous Way 悲しみの道)と呼ばれる本来の十字架の道を歩きます.そしてこの道は,キリストが crucified(磔)にされた場所,ヘブライ語で skull(頭蓋骨)を意味するゴルゴタ Golgotha,ラテン語で Calvary と呼ぶところへ通じます.

この Calvary という言葉は,私たちの日常生活で極度の苦しみ,ことに精神的な苦しみを経験することを意味するようになりましたが,それはキリストの受難(Passion)を思い起こさせるからです.キリストの受難における苦しみの絶頂は,十字架に磔にされたときでした.ナンシー・ギブスとマイケル・ダフィーは,「エリアン奪取」と題する長い記事の中で次のように述べてい

ます.

　　For the residents of Little Havana, this has been, from the start, a passion play.

　　(リトル・ハバナの住民にとっては，これは初めから受難劇であった.)

　言うまでもないことですが，ここで"passion"を「情熱」と誤解してはいけません．この場合の"passion"はイエス・キリストの苦しみと，その十字架上の死を意味し，それはしばしば大文字で始まる Passion と言われます．Passion Play(あるいは passion play)というのは，約 2000 年前にキリストの身に起こったできごとを再現する演劇のことを指します．西ドイツのバイエルン地方オーバーアマーガウ村で 10 年ごとに上演される受難劇は有名です．最近では，メル・ギブソンが製作・監督・脚本を手がけた映画『パッション』があります．この映画はイエスの最後の 12 時間を極めてリアルに描いたものですが，2004 年 5 月，日本でも公開されて，好評を博しました．そしてそれがアメリカで公開された 2 月 25 日は，この年の Lent(四旬節)の初日の Ash Wednesday(灰の水曜日)でした．

誰がポンティオ・ピラトを演じたか

　エリアン少年の事件に話を戻すと，司法長官のジャネット・レノが INS の係官にエリアンを強奪して父親へ引き渡すよう命令を出しました．これは当時テキサス州

知事であったブッシュ現大統領やその兄弟である現フロリダ州知事ジェブ・ブッシュにも批判されました.

Elian was the Miracle Child, delivered from the sea for a sacred purpose, and so it was no surprise that when they (the residents of Little Havana) awoke Saturday morning to news of his seizure, the exiles arrived in force, one man carrying a crucifix with a bloody doll nailed to it, and accused Janet Reno of playing Pontius Pilate.

(エリアンは神聖なる目的のために海から救われた「奇跡の子」でした. だから, リトル・ハバナの住民が土曜日の朝目覚めて彼が強奪されたというニュースを聞いたとき, 亡命者たちが大挙してやってきたということは驚くにあたらないことでした. そのなかの1人の男は血まみれの人形を十字架に釘づけにして持っており, ジャネット・レノはポンティオ・ピラトだと非難しました.)

辞書を引かないで, この記事中の米国司法長官ジャネット・レノとポンティオ・ピラトにどんな関係があるのか分かる人は少ないのではないでしょうか. 総督ピラトはユダヤのローマ行政長官で, イエスに罪がないことを知りつつ, キリストの処刑を要求する群衆を満足させるためにイエスを審問し死刑を宣告した人物です. 群衆に「私はこの男に有罪判決を下す理由を見出せない」と言いつつキリストの処刑を命じたピラトにエリアン少年強

奪の命令を下したレノを重ね合わせたというわけです．また，キューバ系アメリカ人たちはレノばかりでなく，その処分に同意したクリントン大統領のことも，ポンティオ・ピラトと呼びました．

5 聖週間と復活祭　Holy Week and Easter

灰の水曜日とレモン

　1997年の2月，夫が取引先のアメリカの会社の事業報告書を私に見せてくれました．その会社はアメリカの果物の日本向け卸売業で，報告書の題は「レモン」でした．その中に次のような1文がありました．

> Ash Wednesday is Feb. 12th and Easter is March 30th. This is a time when many people generally eat more fish than usual, which in turn increases the demand for lemons.

（灰の水曜日は2月12日，復活祭は3月30日．これは一般的に多くの人たちが通常より多く魚を食べる時期で，それがレモンの需要を増やすことになる．）

　なぜこの時期に魚が多く食べられるのでしょう．それは「灰の水曜日」(Ash Wednesday)や四旬節(Lent)中の金曜日には肉など豪華な食事をとらず，魚介類を食べるからです．魚の好きな人は喜ぶかもしれませんが，そもそも四旬節というのは何らかの犠牲をするための日なので，もっと簡単な食事をとってもよいのです．レバノンではレンズ豆(lentils)を食べます．レンズ豆は非常に栄養価の高い食べ物で，魚と一緒によく食べられます．

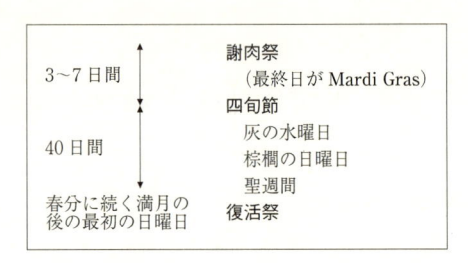

```
           ↑           謝肉祭
  3～7日間   │             (最終日が Mardi Gras)
           ↓           四旬節
                         灰の水曜日
  40日間                 棕櫚の日曜日
                         聖週間
  春分に続く満月の        復活祭
  後の最初の日曜日
```

このように，小さなレモンひとつについても，キリスト教の知識が必要になることがあります．残念ながら，添付されていた日本語訳では，Lent を「キリスト教の祭りごと」と訳していましたが，それは適切ではありません．

クリントン大統領の就任準備の 1 月 19 日の映像では，ABC のレポーター，クッキー・ロバーツが次のようにコメントしていました．「ワシントンはこの週末，謝肉祭のような雰囲気です．マルディ・グラはまだ 4 週間も先なのに．」このようなコメントも，キリスト教の行事についての知識がなければ理解できないでしょう．

では，上に挙げた Lent など，キリスト教の 1 年間の行事の中で最も重要な「復活祭」前後の行事を説明しましょう．

・謝肉祭　Carnival

四旬節の直前の 3～7 日間が「肉に感謝して別れる祭

り」，つまり謝肉祭です．もともとはラテン語の Carne Levale（肉よ，さらば）からきています．四旬節には断食して禁欲的に過ごさなければならないので，その前にパーティーを開いておいしい食事をとるのです．カーニバルの最終日，つまり「灰の水曜日」の前日は，マルディ・グラ（Mardi Gras）と呼ばれます．マルディはフランス語で火曜日，グラは「脂肪」「肉」あるいは「豊かな」という意味です．

・灰の水曜日　Ash Wednesday

四旬節の第1日目，復活祭の46日前の水曜日を「灰の水曜日」といいます．信者に死と痛悔の必要とを想起させるために各人の額に聖灰で十字架の印を付す習慣からこの名があります．

・四旬節　Lent

灰の水曜日に始まり，復活祭直前の「聖土曜日」までの，日曜日を除いた40日間のことです．これはキリストが霊に導かれて荒れ野に行き，悪魔の試みに耐えて断食した40日と40夜に由来し，その経験を共有するために，この期間は肉を食べずに粗食をとります．

・棕櫚（しゅろ）の日曜日　Palm Sunday

復活祭直前の日曜日は「棕櫚の日曜日」または「枝の主日」と呼ばれます．この日はキリストがエルサレムに入ったことを記念し，行進が行われます．たとえばレバノンでは子どもたちが新しい洋服や靴を身につけ，1メートルほどもある美しいろうそくを持って親たちと一緒

レバノンの棕櫚の日曜日のお祭り

に歩きます．教会で祝福を受けた後，棕櫚の葉（レバノンではオリーブの枝）が各家庭に1年間のお守りとして供えられます．2005年の枝の主日は3月20日ですから，この日はニュースでこの行事の模様が紹介されるでしょう．

・聖週間　Holy Week

棕櫚の日曜日から復活祭直前の1週間は「聖週間」と言われ，後半の3日間を「聖木曜日」(Holy Thursday)，「聖金曜日」(Holy/Good Friday)，「聖土曜日」(Holy Saturday)と呼んでいます．ここで，2005年の聖週間の日程を整理してみましょう．

3月20日（日）　Palm Sunday：枝の主日（キリストのエルサレム入城）

II 暮らしのなかのキリスト教英語　　101

3月21日(月)　Monday in(of) Holy Week：受難の月曜日

3月22日(火)　Tuesday in(of) Holy Week：受難の火曜日

3月23日(水)　Wednesday in(of) Holy Week, Spy Wednesday：受難の水曜日，スパイの水曜日．主にユダヤ人が使う名称で，2000年前のこの日，ユダがユダヤのサンヘドリン(議会)のスパイになる契約をした日であることを示す．［マタイによる福音書26：3-5, 14-16］

3月24日(木)　Holy Thursday, Maundy Thursday：聖木曜日，洗足木曜日

3月25日(金)　Good Friday：聖金曜日(キリストの磔 the Crucifixion)

3月26日(土)　Holy Saturday：聖土曜日(この日の夕方から復活祭が始まる)

3月27日(日)　Easter：復活祭(キリストの復活)

聖木曜日は，カトリック教徒が，イエスが最後の晩餐で弟子の足を洗ってやったことを記念する日で，この日はバチカンを含め，多くの教会で司祭が12人の男たち，たとえば12人のホームレスや12人の老人，12人の子どもの足を洗うのを見ることができます．私の弟も実際に中学生のときに足を洗ってもらいました．海外のテレビニュースでは毎年，ローマ教皇が12人の司祭の足を洗っているところを放送します．これは，イエスが12

人の弟子たちの足を洗い,「あなた方も互いに足を洗い合わなければいけない」と言ったことに由来します．これは他人への奉仕を説くキリストの教えなのです．

聖金曜日はキリストを崇拝し，キリストの受難を思い出す，長い祈りと崇拝の1日です．テレビやラジオではクラシック音楽が流れ，教会や街角でキリストの受難のためのお祈りや集会が開かれます．この日は多くの国で午後3時頃，十字架の道行きの行列が行われ，キリストが十字架を運ばれたことを思い出します．

聖土曜日はキリストが墓に葬られた悲しい日ですが，人々は希望を意味する復活徹夜祭（Easter vigil）の準備をします．復活のろうそくの祝福式を行い，新しい火で復活の大ろうそくを灯します．そして夜半から日曜日の明け方にかけて，教会で儀式が行われます．この儀式は教会の明かりを消して始まります．暗闇は夜のシンボルであり，イエスの死後世界を表しています．この暗闇の後に希望のシンボルであるイエスの復活の喜びがあり，司祭が復活祭のろうそくに火を灯します．

そして復活祭の日曜日には，人々は着飾って教会に行き，クリスマス以上に盛大にお祝いします．家庭ではイースタープレゼントの交換をしたり，おいしい食べ物が並べられ，色づけされた卵を使って庭でゲームをしたりします．CNNのニュースでは，ユーゴスラビアで行われた卵割り競技を紹介していました．自分の卵を割られないようにしながら他人の卵を割るという，レバノンで

は一般的なゲームで,100人以上が参加,約2000個の卵が使われたそうです.また,西洋では庭に卵を隠しておいて,子どもたちがそれを探すというゲームも一般的です.また,アメリカの大統領がホワイトハウスの庭で子どもたちを集めて卵転がしをする慣行は,ジェームズ・マディソン大統領が1809年に始めたものです.

復活祭休暇　**Easter holiday**

The Immigration Department is deploying extra staff to cope with the thousands of travellers leaving the territory for the four-day Easter holiday.
（入国管理局は4日間の復活祭休暇で行政区から出ていく何千人もの旅行者に対処するため余分の職員を配備しています.）

これは2000年4月20日,Holy Thursday のニュースで香港の ATV 放送のレポーターが言っていたことです.この時期には飛行機も増便されます.レポートの中で 'the four-day Easter holiday' と言っていますが,多くの国で復活祭の翌日 Easter Monday が休みとなり,復活祭休暇を聖金曜日から4日間取る人が多いのです.

6 聖霊降臨祭　Pentecost

いろいろな言葉でのおしゃべり　babble of tongues

聖霊降臨祭(Pentecost)とは，聖霊が使徒たちに降りたことを記念し，復活祭後 50 日目に設けられた祝日です．いったいどんなお祭りなのでしょうか．

「この日は Pentecost(聖霊降臨祭)でした．だから中国，パキスタン，ガーナ，シエラレオネ，また韓国からやって来た礼拝者たちが突然「いろいろな言葉でおしゃべり」(babble of tongues)することになっても，私たちは驚きはしなかったでしょう」と，2000 年 6 月 17 日のタイムズ紙にルース・グレドヒルという記者が，ロンドンのミレニアムドームで行われた The inter-faith Pentecost service(諸宗教聖霊降臨祭礼拝式)について書いています．

この 2000 年前に起こったエピソードを祝うさまを撮した写真と記事を理解するために，*the New Testament*(『新約聖書』)の第 5 番目の書であり，"The Acts of the Apostles"(「使徒言行録」または「使徒行伝」)として知られている "the Book of Acts"(「言行録」)の第 2 章を見てみましょう．「使徒言行録」は，初期のキリスト教の信奉者たちが the Good News，すなわち the Gospel(福音)をエルサレム，ユダヤ，サマリア，そして世界中に

広めた様子を描いています．全世界の人々がキリストの愛と希望のメッセージを知っているのは，このような初期の宣教者たちのおかげです．

「五旬祭の日が来て，一同が一つになって集まっていると，…一同は聖霊に満たされ，"霊"が語らせるままに，began to talk in other tongues（ほかの国々の言葉で話しだした）」…

「突然，激しい風が吹いて来るような音が天から聞こえ，彼らが座っていた家中に響いた．そして，炎のような舌（tongues of fire）が分かれ分かれに現れ，一人一人の上にとどまった．」〔使徒言行録 2: 1-3〕

「使徒言行録」は聖霊降臨の日にキリストの最初の信者や信奉者たちの上に力を持って降りてくる聖霊の働きについて語り，彼らが聖霊に満たされたとき，いろいろな国の言葉で話し始めた（began to talk in other tongues）と伝えます．

ついでですが，この babble of tongues（いろいろな言葉でのおしゃべり）と，A Babel of sounds（言語混乱）とを混同してはいけません．言語混乱というのはキリストの誕生よりずっとはるか昔に Babel で言葉が混乱したことをたとえたものです．

聖なる煙　holy smoke

2000年の聖霊降臨祭の前日，同じくイギリスの新聞に次のような「事件」が報じられました．この「使徒言

行録」の箇所を読めばこの記事の意味が分かるでしょう．それは 2000 年 6 月 10 日のもので，タイトルは "No holy smoke without fire"（火のないところに聖なる煙はたたない）となっていました．多くの日本人読者はきっと，どうして "holy"（聖なる）という言葉がこのタイトルにつけられているのか，不思議に思うでしょう．

この記事はイギリスの西ダルイッチにある諸聖人教会の教区牧師に関するもので，彼が聖霊降臨祭のための説教を準備していたとき，教会の屋根から煙が吹き出していることを隣人から知らされたというものでした．この煉瓦作りの教会は 1897 年の建築で，その目立ったヴィクトリアゴシック風の様式はロンドンの名所の一つとなっています．その教会のロバート・ティトリー牧師が，『新約聖書』で弟子たちに降りた聖霊の火について述べられた箇所について沈思黙考していたとき，隣人がやってきて屋根から煙が出ていることを告げたと記事には書いてあります．この記事を読むクリスチャンは，この事故を悲しむものの，この話のタイムリーな書きぶりを面白く思ったことでしょう．

「天気が許せば，ティトリー牧師は明日の聖霊降臨祭の礼拝式を牧師館の庭で行うことになっています．彼はやはり神の火について説教することを考えています」と記事は締めくくられています．火事自体は災難でしたが，私はこの記事の書きぶりと，神の火について説教しようというティトリー牧師の考えに感嘆します．

聖霊降臨祭の休暇　Whitsun holiday

"Holy smoke"(聖なる煙)についてブルーワーズの英語辞典を見ると，"smoke-farthings" または "smoke silver" という，古い教会納付金(各戸ごとに小教区司祭に納める献金)を指す語が見つかります．これは smoke-money, smoke-penny とも言われ，Pentecostals や Whitsun farthings とも言います．

Pentecost(聖霊降臨祭)は Whitsunday/Whit Sunday とも言い，次の月曜日は Whit Monday として，多くの国々で国民の祝日となっています．ギリシャではその日は "Day of the Holy Spirit"(聖霊日)と呼ばれます．そのまた次の日は Whit Tuesday と言います．Whit Sunday に続く1週間は Whitsuntide, Whit week と言い，休暇を取る人が多い時期です．Whitsunday/Whit Sunday は，洗礼のための大切な日であり，洗礼志願者たちが白衣を着たことから名づけられています．Whitsun は Whitsunday または Whitsuntide を意味する名詞であり，またそれらの形容詞でもあります．

ちなみに Whitsun-ale は教会のお祭りのために特別に醸造されたエール(church-ale)のことで，それを売った収益金は教会に寄付されます．

Whitsun にまつわる新聞記事をいくつか紹介しましょう．

2000年6月1日のタイムズ紙の記事のタイトルに

"Whitsun foxes protest" とありました．これは何百人という狩猟反対運動の人々が下院の外で抗議活動し，狩猟の非合法化を求めたことに関する記事でした．

There were hardly any MPs around to hear their chants, however, as most are away from Westminster for their Whitsun holiday.
（しかしながら聖霊降臨祭の休みでたいていの人が議会を離れていたので，彼らのシュプレヒコールを聞く議員はほとんどいませんでした．）

また，2000年5月27日のタイムズ紙には "Sunseekers flee wet Whitsun."（太陽の光を求める人々が雨がちの Whitsun を逃れる）というタイトルがありました．

"Record numbers of holidaymakers have fled the country in search of warmer climes as Britain faces a wet Whitsun weekend."（イギリスが雨がちの Whitsun を迎えたので，記録的な数の休暇を取った人たちが，もっと暖かい気候を求めて国外へ逃げ出した．）

また，Here is our guide to the best of the last-minute Whitsun family holidays: One week to go…Five Days to go…Three Days to go…（私どもはどたんばの Whitsun 家族休暇をご提供します：…1週間コース，…5日間コース，…3日間コース，…）といった旅行会社のパンフレットも見られます．イギリスの国際空港は，この時期，明らかに一年中で一番忙しい週末を迎えます．乗客の行き先で多いのは，マヨルカ島パルマ，カナリア諸島のイ

ビザ，スペインそしてフロリダなどです．他の人たちは，イギリスやフランスの田舎でドライブやキャンプをすることにし，ドーバー海峡を渡るのにフェリーに乗ったりユーロトンネルを通ったりします．このことからも分かるように，この時期は連続1週間の休みを取って家族旅行に行く人が少なくないのです．学校も休暇となります．そもそも英語で "Holiday" は Holy Day(聖なる日)という意味です．家族との時間をゆっくり過ごすことは holy なことです．日本でも企業が従業員の健康とその家族の重要性にもっと投資するよう祈ります．

7 諸聖人の祝日の前夜　Halloween

「ハロウィーン」の意味

 日本でも近年，10月31日にハロウィーンを楽しむ人々が増えてきましたが，Halloween が the Eve of All Hallows［Eve of All Saints/Allhallows Eve/the Eve of All Saints' Day］（諸聖人の祝日の前夜）であることはあまり知られていません．to hallow は神聖にする，聖別する，献げる，崇拝する，といった意味です．クリスチャンが毎日唱える Lord's Prayer（主の祈り）では，"Our Father who art in heaven, Hallowed be thy name…"（天におられるわたしたちの父よ，み名が聖とされますように…）と唱えます．この言葉は，有名な山上の説教でキリストが人々に教えたものです．［マタイによる福音書 6：9］

 Halloween の "een" は evening や eve の古語である even という語と関係があります．英国聖公会で "Evensong" または "Evening Prayer" と呼ばれるものは夕方に唱えたり歌ったりする祈りで，"Vesper" とも言われます．"Vesper" はラテン語で "evening" の意味です．ローマ・カトリック教会では，それは日曜日や祝日の午後や夕方の公の儀式のことも指します．

 さて，Halloween の翌日，すなわち 11 月 1 日は All

Saints' Day(諸聖人の祝日)です．この日はヨーロッパやカトリック諸国では，Holy Day of Obligation(守るべき祝日)と呼ばれ，時には長い休みが取られ，会社も学校も日本のゴールデン・ウィークのような連休になりますが，不幸なことに自動車事故が多発する時期でもあります．All Saints' Day は the Feast of Allhallows あるいは Hallowmas とも呼ばれますが，これは Allhallowmas を短縮した形です．

毎日が聖人の祝日

　カトリックのカレンダーをごらんになると，特別なキリスト教の祭日や神に捧げられた日曜日を除いて，1週間のほとんど毎日が聖人の祝日になっていて，どの日がどの聖人の祝日であるかを調べることができます．聖人の名前は言語によってつづりと発音が異なりますが，たとえば南米第二の大都市サンパウロ San Paulo は，聖パウロの名前にちなんだ都市です．また，有名な音楽家のヨハン・シュトラウスのヨハン Johann は，最もポピュラーな英語名ジョン John にあたるドイツ語で，聖ヨハネに由来する名前です．

　"A city named for a saint, prepares to welcome a Pope"(聖人の名をつけた町がローマ教皇歓迎の準備をしています)と，1999年1月26日のCNNのトップニュースでレポーターのチャック・ロバーツが伝えました．その町とはミズーリ州の St. Louis(セントルイス＝聖ル

イに由来する地名)でしたが，日本語翻訳者はそのまま「セントルイス」としていたので，この表現のおもしろみが伝わりにくかったのではないでしょうか．

聖人は国や都市，また職業などの守護者(Patron)となっています．"Everyone is Irish on Saint Patrick Day"(聖パトリックの祝日には誰もがアイルランド人です)とは1999年3月17日にABCのレポーターが使った表現です．聖パトリックは3月17日を祝日とする聖人で，アイルランド国民の守護者となっています．そのニュースでは元エジンバラ日本総領事で東京管楽器バンドの大塚氏が9歳の息子とチームを組んで St. Patrick Parade でバグパイプを演奏したことを紹介するものでした．この日は，国籍や居住地域に関係なくみんながアイルランド人になりきって祭に参加する様子を報じたものです．

ちなみに，日本でもバレンタインで盛り上がる2月14日は，愛の守護聖人である聖バレンタインの祝日です．キリスト教徒は多くの聖人の祝日を覚えており，お祝いします．

聖パトリックの祝日は世界中で盛大に祝われます．アメリカではニューヨークの五番街のパレードに見物客だけで100万人以上が繰り出し，シカゴでもやはり何千人という人々がパレードに参加したり見物したりしています．モスクワでも小さなアイルランド人団体が1989年から始めたパレードが行われますが，今ではモスクワのカレンダーにも掲載される人気の年中行事となっている

そうです.

列福と列聖

聖人も元は私たちと同じ庶民であり,時には罪人であった人もいますが,改心し神を愛するようになって聖人となりました.1998年5月18日のタイム誌の元大統領ジミー・カーター (Jimmy Carter) についての記事に "The Lives of the Saint"(聖人の暮らし)というタイトルがついています.記者のランス・モローは,元大統領が職務終了後どのように新しい生活を送っているかについてレポートしています.彼はセオドア・ルーズベルトについて「1年間にわたって一大騎馬狩猟隊を東アフリカに派遣し,そこで神が創造された (in God's creation) あらゆる種類の生物に向けて驚くほど大量の弾薬を撃ち尽くし,その結果アメリカの博物館に資料を詰め込むことになった」と紹介した上で,「カーターは自分自身を psalm-singing (詩編を詠う) 国際的巡回牧師兼道徳的干渉主義者に任じた」と書いています.

カーターは "Habitat for Humanity"(人間らしい住居)のようなボランティア活動で有名です.この運動は,建設事業の手配をする世界的なクリスチャンの団体が貧民のための家を建てるというもので,筆者の姪も2001年フィリピンでこの団体の活動に参加して家を建てる手伝いをしてきました.

モロー氏はまた,歴史家ダグラス・ブリンクリー氏に

よるカーターについての新刊書を,次のように紹介しています.「ブリンクリー氏は,カーターのクリスチャンとしての献身,道徳的な清浄さをとらえている.しかし,彼はしばしば an oratorio for a living saint(生きている聖人のためのオラトリオ)を演奏しているかのように,hagiography(主人公を聖人扱いして伝記を執筆すること)に陥っている」.ギリシャ語の hagios は「聖なる(saint, holy, sacred)」といった意味です.

次は 2001 年 3 月 11 日の ABC ニュースからです.

At the Vatican, Pope John Paul II beatified a record number of candidates for sainthood today : 230 nuns, priests and lay people.
(教皇ヨハネ・パウロ 2 世は,本日,バチカンで,記録的な数の聖人位候補者を列福しました.230 人の修道女と司祭,そして俗人です.)

to beatify とは,ローマ・カトリック教会で,死者が the blessed(天国の聖徒)に加わることを宣言することです. beatification(列福)は,必ずしもそうとは限りませんが,通常は canonization(列聖)への第一歩です. All Saints' Day には,列聖されているいないにかかわらず,すべての聖なる人々を祝います.

"She has in a sense been canonized."(ある意味で,彼女は列聖されています)と,憲法史学者のセント・ジョーン・スティーバス卿が ABC ニュースの「ナイトライン」で,ダイアナ妃の死に際して発言しました.

She has been elevated to such a high place in people's affections and esteem that she has become a sort of saint.

(彼女は国民の親愛と尊敬の中で,こんなにも高みに上げられたので,一種の聖人となった.)

　in a sense(ある意味で)と表現してあるのは,もちろん,2001年3月ローマ教皇によって列福された人々と同じ,本当の意味での canonized(列聖)ではないということです.

8 連禱, イコン　Litany, Icon

連禱　litany

　Litany（連禱）という言葉は日常よく使われる言葉なので，みなさんもご存じかもしれません．これは一連の祈りとそれに唱和する祈りからなっているものです．
Litany of the Sacred Heart（み心の連禱）などがあります．

　　Saint Joseph, pray for us

　　Saint James, pray for us

　　Saint Paul, pray for us…

　　（聖ヨセフよ，われらのために祈りたまえ

　　聖ヤコブよ，われらのために祈りたまえ

　　聖パウロよ，われらのために祈りたまえ…）

と聖人の名前を次々に挙げて，そのたびに "Pray for us" と繰り返します．

　日常会話では "litany" という言葉は，単調に長々と説明することや，長たらしいリストを意味するようになりました．

　2001年3月13日，アメリカの株式市場の崩落とそれに伴うアジア各国への影響を伝えるニュースの中で，ABCテレビのレポーターはlitanyを次のように用いています．

　　For Japan, the market plunge adds to a litany of

problems: an ineffective Prime Minister about to be forced from office, banks settled with mountains of bad debts, unemployment at record levels are rising while consumers' spending has collapsed.

(日本にとっては,この株式市場の急落は連禱のような一連の難題にさらなる難題を加えることになりました.無能な首相は職を追われようとしており,銀行は山のような不良債権で身動きがとれず,記録的なレベルに達した失業率は今なお伸び続け,一方消費者の消費意欲はまったく失われています.)

また,1997年のニュースの際,CNN のレポーターは,recite(唱える)という言葉に合わせて litany という言葉を用いています.

Fueled by the litany of IRS' horror stories recited at recent congressional hearings, Republicans are offering another proposal.

(最近の議会の聴聞会では,ホラー小説のように国税庁が次から次へと唱える脅し文句を聞かされ,それに刺激された共和党が別の提案をしています.)

1998年2月27日付のデイリー・ヨミウリ紙では,"Oxford University looks—horrors!—to U.S. to remain competitive."(アメリカにとってオックスフォード大学は,いつまで経っても,——ああ,おそろしい!——競争相手のようだ)と題する記事の中で,"Oxford has a litany of Nobel prize winners to its credit."(オックスフ

ォードからは名誉なことにノーベル賞受賞者が連禱にして名を挙げられるほど出ている)とあります.

1999年3月1日号のタイム誌では中国の環境問題についての記事に "Litany of Ills : China's 10 Top Ecological Problems"(災難の連鎖：中国の十大環境問題)というタイトルをつけ, "Deforestation, Soil erosion, Desertification…Air pollution."(乱伐, 土壌浸食, 砂漠化, …大気汚染)と環境破壊のリストを挙げています.

イコン icon

icon(聖画像)とは, キリストや聖母マリア, 聖人, 天使などの画像やそれらを表現したものです. The Eastern Church(東方教会)のイコンはその美しさで有名で, 日本の美術愛好家にも人気があります. Eikōn(エイコーン)という像とか似顔絵という意味のギリシャ語から来ています. 英語の icon は似たものを表す言葉としてよく使われますが, 転じて人々が賞賛するある考えやライフスタイルなどのシンボルとなる有名な人物や事柄をも表します.

1999年6月14日のタイム誌では "Heroes and Icons of the 20th Century"(20世紀の英雄と代表的人物たち)と題する記事で, こう書いています.

> They thrilled us and brought tears to our eyes. And we shaped our lives with the lessons of their fervor and folly, their tragedies and triumphs.

教会の天井に描かれたイコン．レバノン，メタイレブ，マールイリエスの聖エイリー教会にて（ジョージ・アブデル・ジャリル撮影）

（彼らは私たちをわくわくさせ，目に涙を誘いました．私たちは彼らの熱意や愚行，彼らの悲劇や大成功を人生の教訓としてきました．）

また，1998年11月9日のタイム誌の "Russia's New Icon" と題する記事には，副題として "Former spymaster Yevgeni Primakov reluctantly became Prime Minister two months ago. Now he is virtually running the country"（元スパイ組織のリーダーであるエフゲニー・プリマコフ氏は不承不承ながらも二カ月前に首相になった．今や彼は実質的に国を動かしている）とあります．

icon（アイコン）はご存じの通り，コンピュータ用語と

しても定着しています.

Page Trammell's face is an inch, quite literally, from the computer screen. Her eyes widen, then squint with effort as she tries to locate the mouse pointer. The little white arrow is lost somewhere in a clutter of desktop <u>icons</u> she can barely make out. 'If I could just find it…' she mutters, sighing impatiently.
(ページ・トラメルは顔をコンピュータのスクリーンにまったく文字通り1インチのところまで近づけています.彼女はマウスポインターがどこにあるかを見つけようとして目を大きく開いたり細めたりしています.小さな白い矢印は,デスクトップにごちゃごちゃと並んでいるアイコンに紛れてしまってどこにあるか分かりません.「あれが見つかりさえすれば…」と彼女はイライラしながらため息まじりにつぶやきます.)

これはボルチモアに住む38歳のインターネット初心者についての記事(*U. S. News & World Report*, 1997年5月)ですが,彼女は網膜色素変性症という,しだいに周辺視力が弱まり最後にはまったく視力を失う病気にかかっています."Desktop icons are not text, but graphics, which cannot be read."(デスクトップのアイコンは文字ではなく図形だから読めないのです)と彼女は訴えます.2,3年前はコンピュータのスクリーンには言葉や数字が並んでいたので,それを拡大したり声に出して

読んだりすることができたのに，今は画像のアイコンが主流となったので，視力の弱い彼女にとっては実に使いづらいものとなってしまったのです．

コンピュータといえば，マイクロソフト社のビル・ゲイツ氏のことを，ABC ニュースで "Bill Gates is an American icon." と表現していました．マイクロソフト社は競合社を不当に業界から締め出し，公正ではないやり方も用いて市場をほぼ独占したとして，連邦政府や司法省から攻撃されました．

また，icon から派生した言葉に iconic, iconology, iconography などがあります．

最後に iconic という形容詞の用法を見てみましょう．

1998 年 6 月 28 日のデイリー・ヨミウリ紙にサルバドール・ダリについての本の著者，イアン・ギブソンに関するこんな記事がありました．

Here he tackles another of Spain's great cultural monsters, the surrealist painter whose staring eyes and curly moustaches have become as <u>iconic</u> as Van Gogh's missing ear.

(ここで彼はもう 1 人のスペインの偉大な文化的怪物，シュールレアリズムの画家と取り組んでいます．この画家のにらみつける瞳と縮れた口ひげは，ヴァン・ゴッホの失われた耳と同様にイコンとなっています.)

9 罪・告解・わがあやまち
Sin, Confession, Mea Culpa

"Sin, I have fathered"

「女優や美人コンテストの女王たちとのロマンスや滑稽な言葉の誤用で有名なエストラダ大統領は，ローマ・カトリックのハイミー・シン大司教への告解の際，"Forgive me, Sin, I have fathered."（シンよ，お許し下さい．私はもう父親になっています）と言ったそうである」．1998年7月のロサンジェルス・タイムズ紙の記者デイビッド・ラムは "People's Choice Is Nation's Favorite Son"（人々が選択するのは国民の人気者）と題する記事でこのように書きました．

この文章を理解するためには，まずカトリック信者が罪の許し(absolution)を得るために司祭や司教，あるいは大司教や教皇に罪を告白し告解(confession)を聴いてもらうということを知っておく必要があります．カトリックの教会にはたいてい後ろのほうに confessionals（告解席）が設けてあり，その大きさや形はいろいろですが，そこで他人に聞かれることなく司祭と個人的に話をすることができるようになっています．罪の告白を始める前に，confessor（聴罪司祭）に "Forgive me, Father, for I have sinned"（神父様，私は罪を犯しました．お許し下さい）と言います．

さて，冒頭の記事に話を戻しますが，Sin はフィリピン人の大司教の名と「罪」をかけてあり，fathered は子どもの父親であることと信者が司祭に話しかけるとき "Father" と呼びかけることをかけているわけです．2001 年のはじめ，スキャンダルのため失脚・辞職したエストラダ大統領は 3 人の庶子の父親になっていたといいます．

七つの大罪　Seven Deadly Sins

ここで sin（罪）の定義を考えてみましょう．sin とは思い・言葉・行いによってわざと神から顔を背けることを指しますが，軽微な事柄について神を裏切ることは venial sin（小罪）と言います．

一方，capital sins（大罪）というのは，重大な違反で，deadly sins, seven deadly sins とも言われます．これは mortal sin（地獄に堕ちるべき大罪：神に対する最も重大な違反）になりうる罪として，pride（高慢），covetousness（物欲），lust（色欲），anger（憤怒），gluttony（貪食），envy（嫉妬），そして sloth（怠惰）の 7 つの罪を指します．連続殺人犯がこの seven sins を犯した人々を処刑していく映画『セブン』(*Seven*)は記憶に新しいところでしょう．他にも七つの大罪を題材にした映画に *7 Capital Sins*(1961) や *The Seven Deadly Sins*(1952) などがあります．

罪には omission（怠慢）の罪というのもあります．カ

トリック信者は，教会でのミサのはじめに「私は全能の神に告白します．私は思い，言葉，行い，怠り (in what I have failed to do) によってたびたび罪を犯しました」と唱えて，罪を認め，神の哀れみと罪の許しを乞います．昔は右手を握り胸を打ちながら唱えました．ラテン語では mea culpa, mea culpa, mea maxima culpa (わがあやまちなり，わがあやまちなり，わがいと大いなるあやまちなり) と言います．筆者と同年代の人は，友人や親しい人にお詫びをするときにユーモアを込めて胸を叩きながらこのラテン語の台詞を繰り返すことがあります．また "mea culpa" や "to beat one's chest" はお詫びあるいは後悔を表現する言葉です．

痛悔の祈り　Act of Contrition

司祭は告解を聴いた後，告解を行った信者に act of contrition (痛悔の祈り) を唱えるように指示します．これは，罪を犯したことに対する悲しみを表し，再び罪を犯すことを避けるという心からの堅い決心を表明するものです．この痛悔の祈りは catechism (カトリック要理) を習った小学生をはじめ，あらゆる年齢の信者が唱えるものです：

> Oh my God, I am heartily sorry for having offended Thee, and I detest all my sins because of Thy just punishments, but most of all because they have offended Thee, my God, who art all good and

deserving of all my love. I firmly resolve, with the help of Thy grace, to sin no more and to avoid the near occasions of sin.

(ああ,私の神よ,私はあなたに背いたことを心から悔やみます.そしてあなたの正しい処罰があるためではありますが,それよりも何よりも,神よ,私の罪があなたのお怒りを招いたのですから,私は私のすべての罪を忌み嫌います.神よ,あなたは全善にましまし,私の愛のすべてをお捧げするに値する方なのですから.あなたの恩寵に助けられて,この上罪を犯すことなく,罪に近づく機会を避けるよう,私は堅く決心いたします.)

クリントンの痛悔の祈り

では,メディアでこれらの表現がどのように現れているか見てみましょう.

1998年5月25日のタイムズ紙に "Seven deadly thin" という見出しがありました.この記事はシェイクスピアのソネット(14行詩)をもとに7人の脚本家がそれぞれ書いた戯曲の紹介でしたが,このタイトルが選ばれたのは,それが "sin"(罪)と韻を踏んでいるからです.この記事を書いた批評家によれば,これらの7つの短い戯曲はどれもレベルが標準に達しないもので,もとのシェイクスピアの14行詩の真意を伝えていないとのことでした.ですから,彼はこれは中身の薄い(thin)ものだ,と

結論づけて発音の似ている sin（罪）とかけているのです．

また，同年7月4日のオーストラリアン・マガジン誌（*The Australian Magazine*）の見出しには，"The Seven Heavenly Zins" とありました．サブタイトルとして，「こんな暗く冷え込む夜は，Zinfandel（カリフォルニア産の辛口赤ワイン）があなたを暖めます」と続いています．

1999年1月，クリントンの不倫疑惑問題に関してさまざまなニュースが流れました．その中で，「問題の中心の1つは，記者団の指摘する2つの cardinal sins（大罪，cardinal は「主要な」という意味）の中に「セックス」は含まれていないということです．その2つの大罪とは，神に嘘をつくことと，偽善に関することなのです」とバージニア大学の政治学教授がコメントしていたのが印象に残りました．1998年12月の 'This Week' という番組では，ABC解説委員のジョージ・ウィル氏が「決選投票までまだ何日かあります．大統領が contrition acts（痛悔の祈り）をする機会がまだあります」と言っていました．

この報道の際にはクリントンの謝罪に関してさかんに contrition acts や act of contrition といった言葉が使われました．his public campaign of contrition（公の痛悔作戦），his contrition tour（彼の痛悔旅行），contrition by proxy（代理人による痛悔）…といった具合です．

また，大統領の顧問弁護士ポール・ベガラ氏は，ラリ

ー・キングのテレビショーで，クリントンの証言ビデオの後のコメントとして，「大統領は宗教界のリーダーたちに面会した折に public act of contrition(公の痛悔の祈り)をしましたが，私はこれ(ビデオ証言のこと)以上の公の痛悔の祈りを見たことがありません．彼は「私は罪を犯しました」と言って許しを乞うのです」と言っていました．

　また，1998年9月21日のタイム誌では，大統領補佐官がCNNをContrition News Network(痛悔ニュース放送網)と称したことを報じています．これは当時補佐官たちがマスコミ向けにひたすら謝罪していたことを指しています．

10 　7つの秘跡　Sacraments

神聖な秘跡

　秘跡(Sacrament)とは内的な恩寵のしるしのことです．ローマ・カトリックとギリシャ正教の教会には7つの秘跡というものがあります．それは，Baptism(洗礼)，Eucharist(聖体)，Penance(告解)，Confirmation(堅信)，Matrimony(婚姻)，Holy Orders(叙階)，そして Anointing of the Sick(病者の塗油)です．(ちなみにプロテスタント教会の秘跡は Baptism と Lord's Supper[主の晩餐]の2つです．)

　Sacrament の語源は sacred(神聖な)や oath(誓い)などの語源でもあるラテン語の sacramentum で，もともとはローマの兵士が軍旗を放棄しないとか軍司令官を見捨てないことを誓った「軍人の誓い」のことを指しました．しかし「神聖な秘跡」という意味でラテン語の『新約聖書』に用いられてからはもっぱら秘跡のことを指します．それでは，この7つの秘跡とはどのようなものでしょうか．

洗礼　Baptism

　洗礼は私たちを清め，原罪を取り除くものです．原罪とはアダムとエバが禁断の木の実を食べて神に背いた罪

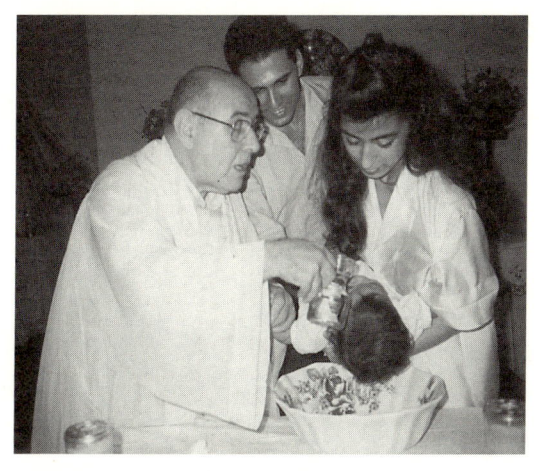

レバノンの教会での幼児洗礼. 洗礼をうけているのは筆者の甥, 左側が司祭, 右側が godmother(名づけの母, 筆者の妹). 背後が godfather(名づけの父, 筆者のいとこ)

によるものですが,その罪を洗礼で洗い清められることによって,人の子は神の子となり,天国を継ぐ者となります. 聖書には,キリストの "I am telling you the truth: no one can see the Kingdom of God without being born again."(人は,新たに生まれなければ,神の国を見ることはできない)[ヨハネによる福音書 3:3], "…no one can enter the Kingdom of God without being born of water and the Spirit. A person is born physically of human parents, but is born spiritually of the Spirit."(だれでも水と霊とによって生まれなければ,神の国に入ることはできない. 肉から生まれたものは肉である. 霊か

ら生まれたものは霊である.)[ヨハネによる福音書 3: 5-6]との言葉があります.

洗礼のとき,司祭は受洗者の頭に水を注ぎ,額に聖油を塗ります.そして「聖霊の賜によってこの洗礼が確実なものとされますように」と唱えます.洗礼を受けるまでは他の秘跡は受けられないことになっています.

聖体　Eucharist

聖体はキリストが本当におられることを祝うものです.それはキリストが死の前に弟子たちと共にされた the Last Supper(最後の晩餐)の記念です.その最後の晩餐のとき,キリストはパンを取り,感謝の祈りを捧げ,パンを裂いて弟子たちに与えて次のように言われました.

"Take and eat it", he said, "this is my body." Then He took a cup, gave thanks to God, and gave it to them. "Drink it, all of you," he said; "this is my blood …"

(「取って食べなさい.これはわたしの体である」また,杯を取り,感謝の祈りを唱え,彼らに渡して言われた.「これは…わたしの血,契約の血である」…)[マタイによる福音書 26:26-28]

キリスト信者としてイエスの体をいただくためには8〜10歳の頃に the First Communion(初聖体)の勉強をして準備をします.聖体は Mass(ミサ)で行われ,その前に心を清めておく必要があるので,告解を行うことに

筆者の姪と甥，梅若ソラヤと猶巴の初聖体拝領式．ロンドン，サウスケンジントン，オールドブロムトンオラトリにて

なります．

告解／ゆるし　Penance/Reconciliation

　告解とは神の癒しと私たちの罪を許す儀式です．私たちの罪についてよい告解を行うためには，告解室，すなわち許しの部屋で司祭に examination of conscience（良心の糾明）を行います．司祭に自分の罪を述べたあと，a penance（罪の償い）をすることを告げ，まず act of contrition（痛悔の祈り）と呼ばれる罪を悔い改めることを誓う祈りを唱えた後，さらに司祭が命じる祈りを唱えます．その後，司祭は次のように罪の許しを与えます．"I absolve you from your sins in the name of the Father, and of the Son, and of the Holy Spirit."(わたしは父と子と聖霊のみ名によって,あなたの罪をゆるします.)

堅信　Confirmation

堅信は信仰を強くする秘跡です.私たちのクリスチャンとしての信仰を強め,真理の道を堅固なものとするものです.聖書によると,聖パウロが受洗者たちに聖霊が降りるようにと彼らに手をかざしていました.

> When they heard this, they were baptized in the name of the Lord Jesus. Paul placed his hands on them, and the Holy Spirit came upon them; they spoke in strange tongues and also proclaimed God's message.
>
> (人人はこれを聞いて主イエスの名によって洗礼を受けた.パウロが彼らの上に手を置くと,聖霊が降り,その人たちは異言を話したり,預言をしたりした.)〔使徒言行録 19：5-6〕

洗礼は司祭や司教や聖職者なら誰からでも受けられますが,堅信は司教(bishop)によって受けるものです.司教は受堅者の頭に手を置き,額に聖油を塗ります.そして "Be sealed with the Gift of the Holy Spirit."(聖霊の賜で封印されますように)と唱えて祈ります.英米などでは,一般的には堅信は十代後半に受けるものとされています.

堅信の儀式後の司教と信者(筆者の姪フィオナ・アブデル・ジャリル). イギリス, ピナーの聖ルカ教会にて

婚姻　Matrimony

　婚姻とは男女の生涯にわたる愛を祝うものです.「二人はもはや別々ではなく, 一体である. 従って, 神が結び合わせてくださったものを, 人は離してはならない.」[マタイによる福音書 19:6]ので, カトリックではひとたび結婚したら夫婦は死ぬまで一緒に暮らさなければなり

ません．婚姻の儀式で花婿と花嫁は神の前で，「死が二人を引き離すまで良いときも悪いときも互いに愛し合う」(for better for worse…till death do us part.)ことを約束する誓いを立てます．

叙階　Holy Orders

　叙階とは，教会を通して一生を神のための聖職活動に捧げようと決心する司祭たちが受けるもので，特別なミサの中で聖職を授けられる儀式です．最初の司祭はキリストの弟子たちでした．その特別なミサは the Mass of Ordination（叙階ミサ）と言い，司教が叙階される人の頭に手を置き，叙階される人々は指導者としてまた召使いとして教会に奉仕することを約束します．キリスト教信者たちが生涯はじめの洗礼から生涯終わりの Anointing of the Sick（病者の塗油）に至るまでの秘跡を受けることができるのは，このような叙階された人々のおかげです．

病者の塗油　Anointing of the Sick

　また病者の塗油は病床の人々に神の助けと平安をもたらす秘跡です．その儀式では司祭が病人に聖油を塗り，"Through this holy anointing may the Lord in his love and mercy help you with the grace of the Holy Spirit."（この聖なる塗油によって主がその愛とご慈悲のうちに聖霊の賜をもってあなたを助けてくださいますように）と唱えます．

この秘跡は，キリストによって始められたものですが，教会の長い伝統の中で，主として臨終の人に授けられるようになり，Extreme Unction（終油）と呼ばれていました．しかし，第二バチカン公会議(1962-65)後は，臨終に限らず一般に傷病者を力づけるために授けられるようになり，繰り返し受けられるようになっています．

「ヤコブの手紙」第5章14節に，「あなたがたの中で病気の人は，教会の長老を招いて，主の名によってオリーブ油を塗り，祈ってもらいなさい．」とあります．2000年後の現代でも，1997年11月21日のワシントン・ポスト紙に，2つのオスカー賞を取った81歳のフランク・シナトラについて次のように書かれていました．

He called in a priest to give him a sacrament——the last rites.

（彼は最後の儀式として秘跡を授けてもらうため司祭を呼びました．）

rite というのは宗教的儀式のことで，この場合は「病者の塗油」の秘跡のことです．

また，1994年5月20日，BBCのニュースキャスターは，「64歳のジャクリーン・ケネディ・オナシス（元ケネディ大統領夫人）は，ニューヨークの五番街の自宅で，ローマ・カトリック教会の最後の儀式を受けてから2,3時間後に死去された．」と報じていました．この儀式も「病者の塗油」のことです．

11 悪魔・悪鬼・魔王
Devil, Demon, Satan

われわれの中にいる悪魔

「彼は紳士です.また偉大な運動選手です.しかし,彼はいつも模範(role model)であったというわけではありません.」

1999年1月18日,クリントンの元報道担当スポークスマンで現在 ABC 放送の解説者であるジョージ・ステファノプロスが,バスケットの世界的なスター選手であるマイケル・ジョーダンについて述べたコメントです.この言葉が ABC のベテランレポーター,サム・ドナルドソンに悪魔のことを思い起こさせました. "You are saying that there is some devil in all of us as well as angels?"(私たち皆の中には天使だけでなく悪魔もいると?)このやりとりは ABC 放送の 'This Week' という番組で,ジョーダンが年間2000万ドルでスポーツメーカー・ナイキの宣伝を——ナイキが東南アジアで子どもを労働者として食い物にしていることには一言も触れずに——していることに関して交わされたものでした.

悪魔はクリスチャンにとっては "Prince of darkness", "Prince of the devils" であり,あらゆる嘘の始祖,あらゆる罪の源,われわれの幸せを阻み前向きな思考を奪う者です. devil は calumniator(そしる人)や accuser(非

難する人)，または slanderer(中傷する人)という意味のギリシャ語 Diabolos から来ています．Demon という言葉はギリシャ語の Daimonion に由来し，このギリシャ語は後に evil spirit(悪霊)を意味するようになりました．"It might as well be called 'El Diablo' for the toll it takes on the world."(それは世界に損害をもたらすものだから，El Diablo と呼んでいいでしょう．)これは，エル・ニーニョ(El Niño)による被害について，ユー・エス・コモディティーズ社長のドン・ルース氏が述べていたことです．

"The Pope is going to Cuba to meet the devil."(ローマ教皇は悪魔に会うためキューバに行こうとしている)と，キューバ出身のアメリカ人が1998年1月のアメリカのあるラジオ番組で話していました．キューバ首相を devil に見立て，神聖で信心深い教皇(Pope)と対照させています．

1998年3月29日の ABC ニュースでは，ワイオミング州に関して "But out in this remote region sometimes residents feel like the devil himself is holding their State back."(この辺鄙な地方の住民はときどき悪魔がこの州の発展を阻止している気がしています)とコメントしていました．ワイオミング州では経済は停滞し，石油産業も鉱業も衰え雇用は減り，ただでさえ人口の少ない広大な土地から人々が出ていってしまっていたからです．

Devil を使った表現

では，悪魔と関係のある英語表現を紹介しましょう．

Devil's Island：悪魔島．元フランスの流刑者植民地．〔映画『パピヨン』(*Papillon*)でスティーブ・マックイーンが脱出を試みた島です〕

devil's-tongue：ヘビイモ．〔腐肉臭のある薬草で，snake palm とも呼ばれます．悪魔は old serpent（年とったヘビ）とも呼ばれますが，それはヘビがエデンの園でアダムとエバをそそのかした悪魔的行為に由来します〕

to bedevil, to deal with the devil：秘密裡にこそこそと取り決めたり取引をすること．〔この反対は to make a deal(deals) with God〕

The devil is in the detail(s).：悪魔は些細なことの中にいる＝うわべは何事もないように見えても思いがけぬ悪事が隠されていることがある．

devil's food cake：濃厚な味のチョコレートケーキ．〔対照的にふんわりとした白いスポンジケーキは angel food cake〕

devil's tattoo：手や足で意味もなくテーブルや床をコツコツ打つこと．

devil's darning needle：トンボ．

deviltry：むこうみずないたずら．

devil's advocate：悪魔の代弁者，ことさら異を言い立てる人，不義不正の弁護をする人．

II 暮らしのなかのキリスト教英語   139

　最後の Devil's advocate はキアヌ・リーブスとアル・パチーノが出演する映画のタイトル(邦題『ディアボロス』)にもなりました.また,タバコが不安を鎮め集中力を高める有益な薬と説く本を評した書評のタイトルは "An advocate for the demon tobacco" でした.

devil と black sheep

　次に紹介するのはワールドカップについての BBC レポーターのコメントです.

> Beating Brazil in Sunday's final…is about handling some of the present demons of intolerance off the field.
> (日曜日の決勝戦でブラジルを破ることは…現在競技場の外に存在する不寛容という名の悪魔を処理すること.)

これは,1998年7月12日のフランスとブラジルのサッカーの決勝戦に関する記事です.the present demons というのは,選手のほとんどが外国人であるフランスのチームの場合のように,選手が異人種であることと関係しています.フランスのル・モンド紙の世論調査によると,フランス人の5人に2人は人種差別主義者で移民をよく思っていないという結果が出ました.しかしフランスサッカーが勝利したことでフランス人は人種の壁を越えて一体化し,ともに勝利を祝いました.フランス人監督,エメ・ジャケは,Coupe de France(フランスの優

勝杯)はフランスの利己的な一面を取り去り，フランス人の中の悪魔を追い出したのだと語りました．

フランスのラ・クロワ紙(*La Croix*)は，"Patriotism is on it's way back."(愛国主義が復興)と報じています．フランスの有名な the racist black sheep of Europe(ヨーロッパの人種主義の悪漢ども)に代わって国家主義的な感情が高まりつつあると続けています．ここに出てくる black sheep とは，"The black sheep of the family"(家族の中の黒羊＝持てあまし者)や "There is a black sheep in every flock."(どの羊の群の中にも黒羊がいる＝あらゆるグループや共同体にはいかがわしい者が紛れ込んでいる)などと使われます．黒という色は，聖書で暗闇と恐怖の場所である hell(地獄)のイメージを持ちます．

麻薬の誘惑と devil

次もスポーツ記事です．1999年4月16日のユーエスエー・トゥデイ紙(*USA TODAY*)に "Demons haunting Strawberry still"(悪魔，依然としてストロベリーを悩ます)という見出しがありました．麻薬中毒者で，しかもガンにも冒されたヤンキースの外野手ダリル・ストロベリーについて，筆者のマイク・ロプレスキは，"…he is an encircled man. The demons do not go away. The cancer might, but the demons apparently won't."(彼は包囲された男である．悪魔は彼を去らない．ガンが立ち去っても，悪魔たちは明らかに去りはしない)と書いてい

II 暮らしのなかのキリスト教英語　　141

ます．そして悪と闘う善について読者に熟考を促すため，次のように記事を締めくくりました．

> Which needs more aid, you wonder, his body or his mind?
> (より助けが必要なのは彼の身体でしょうか，それとも心でしょうか？)

悪魔はまた "Satan" とも言われます．これはギリシャ語で "adversary"（敵・対抗者）という意味です．

"I have seen murder, death and drugs, which I now know are all devices of Satan, a trap by the devil to take out people's lives before they have a chance of finding God."（私はこれまで殺人や死や麻薬を見てきましたが，今や私はこれらがみな，人々が神を見出す前にその命を奪おうとする悪魔の罠だということを知っています．）とヤクルトのドウェン・ホセ選手が言っていました．それは，"Life's base path led Hosey from gang to God"（人生のベースライン，ホセをギャングから神へ導く）と題する1997年10月17日付のデイリー・ヨミウリ紙に掲載された記事の中で，彼がなぜ霊的指導を必要としたかについてのインタビューに答えたものでした．ホセはさらに付け加えて次のように言っています．

> "Satan uses gangs, money, drugs, depression to destroy life."（悪魔は，人生を破滅させるために，ギャング，お金，麻薬，うつ病を利用します．）

12 天国と天使 Heaven and Angels

地上の天国 heaven on earth

He had skied there for 35 years; to him it was heaven on earth. And he loved that football game. He caught the ball, turned to a friend and said his final words: "This is really great!" The last thing he saw was his children. The next thing he saw was God.

（彼はその地で35年間スキーをしていました．彼にとってそれは地上の天国でした．また彼はフットボールが好きでした．ボールを受け取って友だちの方に向かって最後の言葉を発しました．「こいつはまったく素晴らしい！」彼が見た最後のものは自分の子どもたちでした．その次に彼が見たものは神でした．）

この記事は，ケネディ元大統領の甥，ロバート・ケネディ・ジュニアがライフ誌 1998 年 3 月号に「マイケルへの賛辞」と題して寄稿したものです．彼の兄弟マイケル・ケネディは，1997年の大晦日，エイジャックス山地でアメフトのボールを投げっこしながらスキーをしていて立木にぶつかるという事故で亡くなりました．

私自身，個人的にロバート・ケネディ・ジュニアに会

ったことがあるので，神に話を結びつける彼の会話スタイルを想像することができます．だから，heaven on earth や The next thing he saw was God. といった表現の仕方はとてもなじみ深いものです．

> What happens here in Austin, Texas will help determine if music and high tech are match made in heaven.
> (テキサス州のここオースティンで起こっていることは，音楽とハイテクが天国で結ばれた好一対かどうかを決めるのに参考になるでしょう．)

これは，オースティンで行われたロックフェスティバルの模様を伝える際に ABC のレポーターが使った表現です．オースティンはシリコンバレーを除いてはコンピュータ産業の最大の本拠地です．

また，1998年9月16日の AP 通信の記事の見出しには "Braves in 7th heaven"(第七天国のブレーブス)とありました．これは，連続6回地区選手権を取得していたアトランタ・ブレーブスが，9月14日にまた勝利し，その7回連続の勝利を "To be in the seventh heaven"(第七天国にいる)という表現と結びつけたものです．これは，無上の幸福にひたっているという意味です．

守護の天使たち　guardian angels

天使たち(angels)は，神の使節であり，神の言葉を私たちに伝える伝達者(messenger)です．ギリシャ語で

angelos は通信伝達者の意味です．天使と結びつけられる表現は数多く，また angel food cake や angel cake など，ケーキが白いことからそのように名づけられたりもします．カリフォルニアの Los Angeles はスペイン語で天使の複数形 The angels であり，The City of the Angels と呼ばれたりします．Angeleno, Angelenos はロサンジェルス市民を指します．

1999 年 5 月 22 日のタイムズ紙の見出しに，"Our angel, Gabriel" とありました．Gabriel は天使の名前で，Gabriel, Raphael, そして Michael の三天使は archangels（大天使）ともいう主要な天使です．ギリシャ語で arch は chief（主要な）という意味です．偉大なイタリアの芸術家 Michelangelo の名前は，Michael というイタリア語の名前と angel という名詞を結びつけたもうひとつの例です．"Mickey" とか "Mike" は Michael の短縮形です．Michaelmas（ミカエル祭）は，大天使ミカエルを記念して 9 月 29 日に祝われるイギリスの祭日で，Michaelmas Day とも呼ばれます．今日では，他の大天使（Gabriel, Raphael）もこの日に一緒に祝い，カトリックのカレンダーでは三大天使の祝日とされています．この日にはガチョウを食べるのが習慣で，昔は借家人が家主にガチョウを贈りました．

さて，先の "Our angel, Gabriel" の記事に話を戻すと，この Gabriel は記事の筆者デイビッド・ボーカーの息子の名前です．彼は 100 人に 1 人の生存率といわれる重大

な心臓欠陥を持って生まれましたが,幸いにして生き延びることができました.待望の赤ちゃんが難病のため生き延びる見込みが少ないという事実を知った両親が,大天使 archangel が息子を守ってくれますようにとの祈りをこめてつけた名前だったのです.

 Patrick Welcome survived an air crash 12 days ago: Guardian angel working overtime.
 (パトリック・ウェルカムは 12 日前に飛行機の墜落事故にあったが生き延びた.守護の天使が超過勤務をしている.)

これは,1999 年 10 月 6 日のタイムズ紙の見出しです.この次にウェルカム氏がロンドン郊外で多くの死者を出したパディントンの列車事故にも遭遇したものの再び生き延びたことを伝えています.また,タイムズ紙によると,デニス・ヘプワースは次のように語りました.

 I got a later train because I had to scrape ice off my car windscreen before I could get to the station. I usually curse, but this time I was glad.
 (私はもっと遅い電車に乗りました.駅に着く前にフロントガラスの氷をかき落とさなければならなかったからです.いつもなら悪態をつくところですが,今回は嬉しかった.)

彼女の guardian angel が彼女をいつもの電車に乗らせまいと,車に氷をどっさりつけたに違いないのです.彼女の両親や祖母など家族が彼女のためにいつものよう

に捧げた夜の祈りも神様に届いたのでしょう．

天使の助け　angelic help

クリスチャンは天使の存在を信じ，天使が危険や過ちから私たちを守ってくれると信じています．そういう天使を guardian angel(守護の天使)と呼ぶのです．

実は筆者も天使に守られた体験があります．ある日の午後遅く，図書館を出ようとしたときに1人の学生に会いました．駅まで一緒に歩こうと提案し，ついでに大学のチャペルに入って今日も1日無事に過ごせたことを神に感謝して，家までの帰途の無事を守ってくれるようお祈りしましょうと誘うと，彼は同意してくれました．そして，そのお祈りの直後のことでした．私たちは道路に降りる階段の最後の石段に足をかけていたところでしたが，そこに信号無視の猛スピードの車が飛び込んできたのです．もしその狭い道を横切ろうとあと数秒早く道路に足を降ろしていたら，ひどい怪我をするか，命の危険すらありました．神様が私たちの祈りに答えてくれ，私たち2人に守護の天使を送ってくださったできごととして，私は他の学生たちにも紹介しました．

　They have been extremely lucky and their guardian angels are obviously watching over them.
　（彼らはとても幸運でした．守護の天使が彼らを守ってくれたとしか思えない．）

ベルソード病院顧問のデイビッド・セジウィック氏は

1998年12月30日のスコットランドのベン・ネビス山に近いフォート・ウィリアムのスキーリゾート近くで雪崩が起き,4人の命を奪った事故の際に,生き残ることができた3人について,こう述べました.彼らは3フィートの雪の下に16時間も埋まっていました.

私たちはしばしば "God works in mysterious ways"(神様は不思議な働き方をされる)と言いますが,あらためてそう感じさせるできごとです.

最後にもうひとつ.ドイツのアドルフ・ガラン将軍が,1943年5月22日,世界初のジェット戦闘機に試乗した際に発言した言葉です.

It felt as though angels were pushing me.

(天使が後押ししてくれているような感じだった.)

これは,英雄や勇敢な人々でさえ天使の助けを必要としているということを示しており,だからこそ英雄も angelic help(天使の助け)と保護を信じているのです.

III
聖書を読めば英語はもっと身近に
―創世記から黙示録まで―

レバノン,タネイルの聖チャーベル・マクルーフ教会の内部
(聖チャーベルはレバノンの守護聖人)

第Ⅰ章・第Ⅱ章で見たように，聖書の中の言葉やキリスト教の習慣は，日常の英語の中によく登場します．この章では，「創世記」から「黙示録」にいたる『旧約聖書』『新約聖書』の章立てにそって，実際の聖書の内容を紹介するとともに，最近のニュースなどの英語の中でそれぞれの聖書の箇所にちなんだ表現がどのように使われているかを見ていきます．

1 創世記 Genesis

クローンベビー誕生と「創世記」

"The strange genesis of a human cloning claim"(クローン人間誕生の主張の奇妙な起源)という見出しが，2003年1月13日，アメリカの雑誌 *U. S. News & World Report* の「科学と科学技術」欄に載りました．

自分自身を prophet(預言者)と呼ぶ，宗教団体ラエリアン・ムーブメントの創始者ラエルと，クローン人間製造会社「クローンエイド」の化学者ブリジット・ボワセリエは，2002年，最初のクローン人間の誕生を発表しました．その子どもは女の子で，「エバ」と名づけられています．

ラエルは，1973年，森の中を歩いていたときに啓示を受け，彼自身のcreation story（創造物語）を作り出しました．彼はUFOに乗せられて宇宙人と出会い，そこで地球上のあらゆる生物は2万5000年前に宇宙の科学者が造ったと説明されたと言いますが，とうてい信じられることではありません．

　クローンベビー誕生後，アメリカのCNNは，「ベビー・エバが本物かどうかを調べるために，検査が行われる」と伝えました．ひとつ確かなことは，神がアダムとエバを造られたとき，検査は必要なかったということです．

　最初の見出しに戻りましょう．"The strange genesis of a human cloning claim"の，genesisという言葉を見てください．これはギリシャ語から来ている言葉で「起源」「創造」「初め」などを意味しますが，大文字でGenesisと書けば，これは聖書の第一番目の書「創世記」のことを意味します．「創世記」は，世界の始まりと宇宙・人類の創造を扱う文書で，神を信じるすべての人の祖先の話です．記者がgenesisという言葉を使ったのは，この聖書の人類創造の物語を連想させるためでしょう．

　「創世記」の有名な第1節は，次のように語っています．

　　In the beginning, when God created the universe, the earth was formless and desolate.

(初めに，神は天地を創造された．地は混沌としていた．)

聖書には *Old Testament*『旧約聖書』と *New Testament*『新約聖書』があり，「旧約」は神との古い契約，「新約」は神との新しい契約を意味します．『旧約聖書』には天地創造からイエス・キリストの誕生の前まで，そして『新約聖書』には，イエスの誕生以後のことが書かれています．『旧約聖書』『新約聖書』をあわせた聖書の一番最初の書が「創世記」なのです．

genesis という言葉の使われ方

genesis という言葉は，英語で「事の始まり」という意味にもよく使われています．たとえば，2003 年 6 月 29 日付のニューヨーク・タイムズ紙の，ホームレスを助ける事業計画の責任者の記事に使われていました．この責任者の名前はジーン・エストレスといい，かつてはニューヨークのウォール街で，株のブローカーとして働いていました．

The genesis for his first job on the Street was a game of golf.

(彼のウォール街での最初の仕事は，ゴルフをすることでした．)

以前の彼の生活は暮らしに困っている人々とはまったく縁のないものでしたが，あるとき 1 人のホームレスの女性に会ったことが，彼の人生を変えました．彼は同僚

に nuts（頭がおかしい）と呼ばれながらも，ウォール街での華やかな暮らしを捨て，ホームレスを救済する活動に専念することにしたのです．

アメリカの有名な人気トーク番組に，「ラリー・キング・ライブ」があります．彼の番組から，またひとつの例をご紹介しましょう．

1996年12月，アメリカのある夫婦の娘2人が殺され，こともあろうに，その両親が容疑者となりました．アメリカでは長いこと議論の的となった事件で，2002年11月，両親の弁護士がラリーの番組に出演しました．そこでラリーが，"Give us a little genesis." と言ったのです．これは，「些細なことでも事の起こりを教えてください」といった意味ですね．

ラリー・キングは，このフレーズを好んで使っているようです．彼のショーに歌手のロッド・スチュワートが出演したときも，インタビューの最中に "Well, give me the genesis." と言っていました．これも，「そもそもあなたが歌を歌うようになったのはなぜなのか教えてもらえませんか」といった意味で使われています．

よく使われる「創世記」のなかの言葉

1995年12月24日，すなわちクリスマス・イブの日に，ニューヨーク・タイムズ紙の書評欄に，"In the Beginning" という見出しがありました．

これは，The Five Books of Moses（モーセ五書）とい

うタイトルの，ヘブライ語聖書の新しい翻訳本についての記事です．「モーセ五書」とは，『旧約聖書』の最初の五書「創世記」「出エジプト記」「レビ記」「民数記」「申命記」を指します．In the beginning は辞書を引くと「はじめに」という意味なので，『旧約聖書』の最初の五書のことかと思ってしまうかもしれませんが，聖書に親しんでる人なら，この見出しの選び方のおもしろさに気づきます．In the beginning は，まさに聖書の最初の言葉，「創世記」の第1行目に記されている言葉なのです．

イギリスのミュージシャン，マイク・オールドフィールドは，1994年に "In The Beginning" という歌を出しました．その CD には，次のようなクレジットが書かれています．

Words from The Book of Genesis
Music: Mike Oldfield
（歌詞は「創世記」から．曲はマイク・オールドフィールド）

この歌は，なんと「創世記」の文章をそのまま歌詞にしたユニークな曲なのです．出だしはもちろん，「創世記」の最初に当たるこの文句です．

In the beginning God created the heaven and the earth…
（初めに神は天と地を創られた…）

さらに，有名な次のような句も含まれています．

And God said, Let there be light and there was light.

（そして神は言われた．光あれ，こうして光があった．）

この Let there be light.(光あれ)という表現はとてもよく使われるので，覚えておくといいでしょう．

Deepavali というインドの祭りを紹介するアジアン・ウォールストリート・ジャーナル紙(*The Asian Wall Street Journal*)の 2002 年 11 月 1 日の記事の見出しが，やはり "Let there be light."(光あれ)でした．お祭りそのものは聖書やキリスト教とは関係ありませんが，こういう言い方をすると，光にあふれた美しいお祭りの様子がより強くイメージできるでしょう．

2 過越の祭（出エジプト記）
   Passover (Exodus)

アカデミー賞は私の上を過ぎ越す

2003年7月27日，アメリカの有名なコメディアン，ボブ・ホープが，100歳で亡くなりました．彼はアメリカ映画界のアカデミー賞授賞式の司会を何回となく行ったことで知られていますが，彼が授賞式の夜いつも言っていたことはこうでした．

Oscar night in our house is called Passover.
（わが家のオスカーの夜は過越祭 Passover と呼ばれています．）

過越祭とは，聖書にも登場するユダヤ教のお祭りですが，なぜボブ・ホープがこう言ったのかを理解するには，過越祭の由来から説明しなければなりません．

古代のエジプトには多くのユダヤ人が暮らしていましたが，彼らはモーセという指導者に従って国を出ることを望んでいました．ところが，エジプトの王がそれを許さなかったため，神は次のような災いをエジプトにもたらすことに決めました．

On that night I will go through the land of Egypt, killing every first-born male, both human and animal, and punishing all the gods of Egypt. I am the Lord. The blood on the doorposts will be a sign to mark the houses in which you live. When I see the blood, I will pass over you and will not harm you when I punish the Egyptians.

(その夜,わたしはエジプトの国を巡り,人であれ,家畜であれ,エジプトの国のすべての初子を撃つ.また,エジプトのすべての神々に裁きを行う.わたしは主である.あなたたちのいる家に塗った血は,あなたたちのしるしとなる.血を見たならば,わたしはあなたたちを過ぎ越す.わたしがエジプトの国を撃つとき,滅ぼす者の災いはあなたたちに及ばない.)〔出エジプト記 12:12-13〕

エジプトにいるユダヤ人は彼らの神から,それぞれの家に羊の血でしるしをつけておくよう求められました.そうすれば,神は災いをもたらすときにその家を避けて通り過ぎる(pass over)からです.

真夜中に,ユダヤ人以外のすべてのエジプト人の家で初子が死んだので,さすがのエジプトの王も怖ろしくなってモーセとアロンを呼びだしてユダヤ人たちを連れて出ていくように言います.無事エジプトを出たユダヤの人々は,この日を Passover(過越祭)として毎年祝うようになりました.また,このとき,神がユダヤ人たちに対し,家の戸口に羊の血を塗ると同時に「酵母を入れないパンを食べよ」と言ったことから,過越祭では7日の間,種(酵母)なしのパンを食べることが慣わしとなりました.

それでは、ボブ・ホープの話に戻りましょう。彼はコメディアンであると同時に多数の映画に出演した映画俳優でしたが、結局自らがアカデミー賞を取ることはありませんでした。そこで、「アカデミー賞は私の上を通り過ぎる」という意味で、Passover という言葉を使いました。ちなみにボブ・ホープがユダヤ教徒かというと、そういうわけではなさそうです。テレビで見たかぎりでは、彼の葬儀はカトリックの方式にのっとって行われていました。

現代に生きる過越の祝宴

さて、過越祭は、現代のユダヤ人たちの間にも受け継がれています。ショーン・コネリーやダスティン・ホフマンが共演した映画『ファミリー・ビジネス』では、冒頭に過越祭のお祝いの食事が出てきます。ユダヤ教のお祈りをするときの特別な帽子「ヤムルカ」をかぶって、"Happy Passover!"（過越祭おめでとう）と挨拶しています。

そして映画の終わりでは、主人公が「グテン・ペサック」という言葉を口にします。これは「楽しい過越祭を」という意味のイディッシュ語（東欧系ユダヤ人の言語）なのですが、ユダヤ教徒である義理の父親に向かって、キリスト教徒の息子が口にした初めてのイディッシュ語でした。父親は「25年かかって、ようやく2つのユダヤの言葉を覚えたな」と言うのですが、現代のアメリカ

III 聖書を読めば英語はもっと身近に 159

でも，家族の中に宗教や文化の違いが存在するということが分かる場面です．Passover は，ヘブライ語で Pesach とか Pesah と呼ばれます．ですから，もしみなさんにユダヤ教徒の友人や得意先の人がおられれば，過越祭の間は，"Happy Pesach" と挨拶してみてください．

　ユダヤ人たちは，毎年春の過越祭の時期に，Seder Table (過越の祝宴) を行い，家族や友人とともに出エジプトを象徴する特別な料理を楽しみます．有名なキリストの「最後の晩餐」も，実は過越の祝宴でした．2002年6月18日のフィナンシャル・タイムズ紙は，過越の祝宴はユダヤ教の戒律を遵守していないユダヤ人でも行っている伝統行事である，と述べていました．

　Seder という言葉は，「順番」とか「手続」という意味のヘブライ語 Sedher から来ています．それは，過越祭の第1夜かあるいは最初の2夜にわたって行われる祝宴で，家族や友人が集まって共に苦菜（セイヨウワサビなど）が入った過越の料理 (Passover food) を食べ〔民数記 9 : 11〕，kosher (コウシャー) ワインを飲みます．普通の宴会と違うところは，「詩編」113-118 のハレルヤ賛歌が朗唱されたり，また過越祭の典礼文のある書物 (ハガダ Haggadah またはアガダ Aggadah) が読まれることです．キリスト教では復活祭に子どもたちが卵探しをするゲームがありますが，ユダヤ人の子どもたちは，過越の祝宴の第1夜の前夜に，親が家の中に隠した酵母入りのパンを探します．そして集められたこのパンは，丁寧に

燃やされるか,どこかへしまわれます.

ユダヤ人がエジプトを出たときの物語について知りたい人は,チャールトン・ヘストン主演の大作映画『十戒』を見るといいでしょう.そこには,偉大なる指導者モーセの生涯と,「海を分ける」という奇跡,そしてシナイ山で神から「十戒」を授かった経緯など,聖書の「出エジプト記」に出てくる内容が描かれています.

「出エジプト記」は,神がモーセに十戒をはじめとするさまざまな指示を与えたところで終わっています.そののち,彼らは長年の放浪の末,ついに神から約束された永住の地・カナンにたどりつくのですが,モーセは不幸にして約束の地を踏むことなく息を引き取ったのです.

3 贖罪の山羊（レビ記）
Scapegoat (Leviticus)

テネット長官は贖罪の山羊か

アメリカの CNN ニュースは，2003 年の夏，"Rockefeller: White House making scapegoat of Tenet"（ロックフェラーは言う：ホワイトハウスはテネットを贖罪の山羊にしている）というニュースを放送しました．

ロックフェラーとは，上院情報委員会のジェイ・ロックフェラー上院議員のことで，テネットは CIA（米中央情報局）のジョージ・テネット長官．事の起こりはこうです．

2003 年の年頭教書で，ブッシュ大統領は次のように述べました．

> The British Government has learned that Saddam Hussein recently sought significant quantities of uranium from Africa.
>
> （イギリス政府の情報では，フセインは最近アフリカからかなりの量のウランを手に入れようとした．）

この 1 文は，16 の単語で構成されていることから「16 語」として知られるようになり，CNN はこれを「ことばの戦争」(War on words) と呼びました．これは，イギリスの諜報機関からもたらされた情報だったとのことです．ところが，ニジェールの主張によって，イラク

がウランを買ったという事実はないことが判明してしまいました.

これに対し,CIA のテネット長官は,「ブッシュ大統領が年頭教書で述べたことは,自分の間違いに基づくものだ」と,自らの非を認めました.しかし,この話はもともとイギリスからもたらされたもので,誰かが情報を捏造したに違いありません.そういった経緯を明らかにすることなく,テネットが責任を負うことですべてを解決しようとしたのです.ロックフェラー上院議員は,こういったやり方を非難して「テネットを scapegoat (贖罪の山羊)にしているだけで,問題の根本的な解決にはなっていない」と主張しようとしたのでしょう.

ちなみに,ブッシュ大統領は,2004 年 6 月 3 日,テネット長官の辞表を受理したと発表し,本人は「長官に就任して満 7 年になる 7 月 11 日に辞任する.理由は個人的決断であり,私の素晴らしい家族のためで,それ以外はない」と表明しましたが,日本の新聞には「事実上の更迭か」と大きな見出しが出ていました.

それでは,ここで出てくる scapegoat (贖罪の山羊)とはいったい何でしょうか.

ウェブスターの辞書を引くと,「他人に対する非難を引き受けさせられる人,あるいは他人の代わりに苦しまされる人」「聖書からきた言葉で,ヨム・キプル Yom Kippur (贖いの日)に,人々の罪を背負い,荒野に放される山羊のこと」とあります.ヨム・キプルはヘブライ

語で，ヨム Yom は「日」，キプル Kippur は「贖い」の意味です．この日はユダヤ教の大祭日で，飲食を節制し，教会堂で一日中悔悛の祈りを唱えます．

聖書に登場する贖罪の山羊

贖罪の山羊の話は，「モーセ五書」のひとつで古代イスラエルにおける礼拝や宗教儀式のきまりを書いた「レビ記」の第16章にあります．預言者モーセにはユダヤ教の初代大祭司である兄弟アロンがいましたが，神はモーセを通じてアロンにこうするよう告げました．

> 「まず，贖罪の献げ物として若い雄牛一頭，焼き尽くす献げ物として雄羊一匹を用意する．…次に，イスラエルの人人の共同体から贖罪の献げ物として雄山羊二匹，焼き尽くす献げ物として雄羊一匹を受け取る．
>
> アロンは二匹の雄山羊についてくじを引き，一匹を主のもの，他の一匹をアザゼル(Azazel，悪魔の名前)のものと決める．…アロンはこの生きている(アザゼルの)雄山羊の頭に両手を置いて，イスラエルの人々のすべての罪責と背きと罪とを告白し，これらすべてを雄山羊の頭に移し，人に引かせて荒れ野の奥へ追いやる．」〔レビ記 16: 3-21〕

この荒野に追いやられた雄山羊が，すなわち scapegoat(贖罪の山羊)です．聖書のこの記述から，現代では前記の辞書にあるように「他人の身代わりを引き受けさ

せられる人」という意味で使われるようになったのです．

　私の故郷レバノンの迷信深い人々は，田舎で山羊の群れが通るのを見ることを好みません．何か不吉なことのように思われるからです．一方，羊の群れを見ることは，よいしるしだといって喜ばれるのです．

「贖罪の山羊」にされた人々

　現在 scapegoat（贖罪の山羊）は，権力者が弱者を犠牲にしようとしたときによく使われます．アメリカでの炭疽菌騒動を記憶されている方は多いと思いますが，2003年9月24日，CNN は前陸軍生物化学調査官のスティーブン・ハットフィルが，連邦司法長官らを相手に訴訟を起こしたというニュースを放送しました．ハットフィルは炭疽菌事件の「参考人」とされたのですが，「逮捕者を出すことができないから，私を scapegoat にした」と言って，損害賠償の裁判を望んだのです．

　また，1999年9月14日付のイスラエルの新聞ハーレッツ（*Ha'aretz*）には，こんな記事がありました．イスラエルの国内保安当局シン・ベット（アメリカの FBI にあたるもの）の元局員に関するものです．彼らは1989年12月，取調べ中のパレスチナ人に拷問を加えて死亡させたとされ，その罪を問われました．2人が尋問を行っていたとき，その場にはほかに3人の尋問係がいたのですが，彼らが一番下級の局員であったため，その責任をとるように言い渡され，シン・ベットの長官に自白書を提出す

ることまで求められました.

　結局, 彼ら2人は警察に逮捕されたのですが, 同紙の記者は, 彼らは scapegoat にされたのだと書いていました.

　一方, イギリスではある閣僚が scapegoat にされました. イギリスでは大学入学資格を判定する全国統一試験を行っていますが, 政府の努力にもかかわらず, ここのところ不合格者が増加していました. 2002年, 子どもの学力アップを果たせなかった責任をとって, エステル・モリス教育・芸術相が辞任しました. これに対し, イギリスの *Child Education* という雑誌は, "Morris: A 'scapegoat' who understood the profession's problems"(モリス：その職業の諸問題を理解していた「贖罪の山羊」)として, モリスを弁護しました.

　実はモリスは, 以前教師をしていた経験がありました. そこでこの雑誌は,「彼女こそ教育者の(現場の)問題を理解していたのに」と訴え, 彼女の責任とは明確にいえない問題のために辞任に追い込まれたのだ, と説明したのです. これでだいぶ, scapegoat の使い方が分かっていただけたでしょうか.

　ところで, ヨム・キプルはユダヤ教の祭日ですが, 西洋のカレンダーならたいてい載っている休日です. 2003年10月4日, CNN が "Supreme Court Takes a Holiday"(連邦最高裁休業す)と報じたように, アメリカの連邦最高裁は, この年, ヨム・キプルのために普段のス

ケジュールを変えたそうです．裁判所の1年は通常10月の最初の月曜から始まりますが，この年はその日がヨム・キプルに当たりました．通常の業務は行われたのですが，この日，判事が法廷で陳述に耳を傾けることはありませんでした．なぜなら実は，判事のうち2名がユダヤ人だったからです．

ユダヤ人はヨム・キプルの前には家族みんなで食事をしてお祝いをしますが，不幸なことに，2003年10月にはイスラエルで，そんな家族連れでにぎわうレストランをねらった自爆テロがありました．イギリスのサンデー・タイムズ紙(*The Sunday Times*)はこの事件について，"on the Sabbath before Yom Kippur, the holiest day in the Jewish calendar"(ユダヤ教の暦で最も聖なる日，ヨム・キプルの前の安息日に)と伝えていました．

4 石打ちの刑（申命記）
Casting Stones（Deuteronomy）

石打ちの刑を宣告された女性

 2002年9月2日号，アメリカの雑誌タイムに，"CASTING STONES"という見出しがありました．そこには，死刑を宣告されたナイジェリアの女性，アミナ・ラワルの話が載っていました．

 彼女は友人だと思っていた男性にレイプされて妊娠してしまったのですが，彼女の住む北ナイジェリアのカチーナ州は，イスラム法が支配していて，結婚していない女性が妊娠すると，たとえレイプでも姦通と考えられ，死刑を宣告されるのです．その方法は，首まで地中に埋め，頭に石を投げつけるという残酷なものです．このことを知った世界中のメディアが事件を大きく取り上げ，アミナの助命を訴えました．

 casting stones とは，「石を投げること」という意味で，文字通りには石を投げる刑罰を指しているように思えるでしょうが，キリスト教徒はこの言葉を聞くと，ごく自然に聖書のある一節を思い出します．それは，イエス・キリストの「あなたたちの中で罪を犯したことのない者が，まず，この女に石を投げなさい（cast the first stone）」［ヨハネによる福音書 8:7］という言葉です．

 『旧約聖書』の時代，姦通は死に値する重い罪でした

が，姦通を犯したある女性が引き出されたとき，イエスはこう言って彼女を許したのです．人は誰もが罪を犯す．だから，罪を犯した者を許すことができるようになりなさい，と人々に伝えたかったのでしょう．

ところで，姦通を犯した者は死罪にせよというのは，もともと「モーセ五書」に書かれていることです．前にも述べたように聖書の最初の五書は「モーセ五書」The Five Books of Moses と呼ばれ，人々が守るべき律法が書かれています．ユダヤ教の人々はこの「モーセ五書」を Torah トーラーと呼んで特に重んじています．

「モーセ五書」のひとつで，人々が守るべき掟について書かれた「申命記」の 17 章には，「この悪事を行った当の男ないし女を町の門に引き出し，その男ないし女を石で打ちなさい．彼らは死なねばならない．…まず証人が手を下し，次に民全員が手を下す．」とあります．

しかし，人々を新しい道に導こうとしていたイエスは，聖書のこの言葉をあえて否定してでも，姦通した女性を許そうとしたのです．

最初に石を投げる者

現代では，to stone, to cast the first stone と言うと，文字通りの「最初に石を投げる」という意味以上に，イエスの言った言葉から，「早まったことをした人，またはささやかな罪を犯した者を強く罰する」といった意味合いでとらえられています．ナイジェリアのアミナ・ラ

ワルはまさにこの例で,さしたる根拠のない罪によって罰せられようとしているのだということが,雑誌の"CASTING STONES"という見出しからすぐに分かるのです.

ちなみに,「申命記」は英語で The Book of Deuteronomy と言います.Deuteronomy は「第二の法」という意味ですが,簡単に言えば,「これまで説明してきた律法の続き」ということです.

幸いなことに,2003年9月25日のCNNで,Nigerian Stoning Sentence Overturned.(ナイジェリアの石打ちの判決覆される)というニュースが放送されました.アミナと人権保護団体の努力が実を結んだのです.この判決が出る前,クリスチャンであるナイジェリア大統領は,ニューヨーク・タイムズ紙に対し,「ナイジェリアの憲法の下では death by stoning(石打ちによる死刑)は許されていないので,わが国の憲法は結局彼女を助命するだろう」と語っていました.

2003年7月には,フランスで「石を投げる者」"Jeteurs de pierres"という歌がヒットしました.これは,子どもたちを戦場に送り出すパレスチナの親たちを激励したもので,「親を殺され,家を壊されたらどうするか? 私なら行って皆殺しにしてやる」といったような過激な歌詞でした.これは,イエスの「罪を犯した者も許す」という教えとはまったく反対の考えで,フランスで大いに物議をかもしました.なかには,聖書の言葉が

このように不幸なかたちで引用されることもあるのです.

イエスは,姦通した女を許したあと,"Go, and sin no more."(行け,そしてもう罪を犯すな.)という有名な言葉を投げかけました.人々が罪を犯すことのないようにするには,罰したり復讐したりするのではなく,罪を犯したその人をも愛することではないか.イエスはそれを人々に伝えようとしたのです.

また,石打ちといえば,アカデミー賞を受賞した有名な映画『その男ゾルバ』の一場面を思い出します.ギリシャのとある村の未亡人マリーナは,炭鉱の採掘にやってきたイギリス人と恋に落ちます.しかし,閉鎖的な村の人々は彼らの関係を快く思わず,マリーナが1人でイギリス人の家を訪ねたというウワサが流れたとき,よってたかって彼女に石を投げつけました.

この映画でマリーナは被害者ですが,実際に罪を犯して責められた女性もいました.映画『サロメ』に登場する古代ユダヤの王妃ヘロディアです.彼女は自分の夫フィリポの兄弟ヘロデ王と結婚しました.そして,そのことを責めた洗礼者ヨハネを牢につながせたのです.映画『サロメ』では大群衆が「ヨハネを自由にせよ,洗礼者を釈放しろ」,そして,「王妃を死刑にせよ,王妃は姦通者だ」と叫びながら,ヘロデ王の宮殿に押しかけます.ヘロディアは怖ろしくなって,おつきの者にこう言いました.

They will <u>stone</u> me. Nothing but my death will

satisfy them.

（彼らは私に石を投げるでしょう．私が死ななければ満足しないでしょう．）

　私たちは，無関心であることを拒み，小さな娘を腕に抱いたその写真が多くの人の目と心に焼きつけられたアミナ・ラワルが「石打ちによる死刑」stoned to death から救われたことに寄与したすべての人々に感謝しますが，世界中で多くの人が今なおそのような残酷さに悲しまされ続けています．2000年前，ヘロディアは罪のない男・洗礼者ヨハネの首切り(beheading)をあえて要求しました．そして，beheading(首切り)は過去の言葉ではなく，イラク戦争においても見られるように現在のものでもあるのです．

5　預言の書　Prophetic Books

「イザヤ書」と救世主の預言

2002年2月7日号,アメリカのスポーツ雑誌スポーツ・イラストレイテッド(*Sports Illustrated*)は,NBAバスケットボールの元スター,アイザイア・トーマスについて次のように報じていました.

> The Book of Isaiah is filled with messianic hope. In the front offices of the Continental Basketball Association, the book on Isiah Lord Thomas III is that he's something of a savior too.
>
> (イザヤ書は救世主待望に満ちている.コンチネンタルバスケットボール協会〈CBA〉の経営事務所には,アイザイア・ロード・トーマス3世について書かれた本があり,その中には,彼もまた救世主のようなものであると書かれている.)

CBAとは,NBAほど有名ではありませんが,アメリカのプロバスケットボールリーグのひとつです.アイザイア・トーマスは,経営難に陥ったCBAを救うため,1000万ドル払ってCBAを買収したのです.

これでなぜアイザイアが savior(救世主)と呼ばれているのかは分かったと思いますが,それでは, the Book of Isaiah(「イザヤ書」), messianic(救世主の)とは何でしょ

III 聖書を読めば英語はもっと身近に　　173

うか.

　「イザヤ書」は,『旧約聖書』の一書です.『旧約聖書』に「創世記」などの「モーセ五書」があることはすでにお伝えしましたが, その次に Historical Books(歴史書), Wisdom Books(教訓書)そして Prophetic Books(預言書)が続きます. その預言書の最初のものが,「イザヤ書」です. それぞれの預言書が聖書にある預言者のうち, イザヤ, エレミヤ, エゼキエル, ダニエルの4人は大預言者(Major prophets)と呼ばれ, ホセアからマラキに至る12人は小預言者(Minor prophets)と呼ばれます. ただこの大小は優劣を意味するものではありません.

　その「イザヤ書」の中に,「救世主」を意味する Messiah, つまり Savior について触れた部分があります.

> For unto us a child is born, unto us a son is given: and the government shall be upon his shoulder: and his name shall be called Wonderful, Counselor, The mighty God, The everlasting Father, The Prince of Peace.
> (ひとりのみどりごがわたしたちのために生まれた. ひとりの男の子がわたしたちに与えられた. 権威が彼の肩にある. その名は,「驚くべき指導者, 力ある神, 永遠の父, 平和の君」と唱えられる.)〔イザヤ書 9:5〕

お気づきの方もいらっしゃるかもしれませんが, この「みどりご」「驚くべき指導者, 力ある神, 永遠の父, 平

和の君」とは,イエス・キリストのことです.つまり,イザヤはイエス・キリストの誕生を預言したといわれているのです.そしてイエス・キリストは Savior(救世主)とも呼ばれています.これで,冒頭の記事の messianic hope(救世主待望)の意味がお分かりいただけるでしょうか.イザヤもアイザイアも,英語では同じ名前なのです.(アイザイアは Isiah,イザヤは Isaiah というつづりになります).「イザヤ書」は救世主,つまりイエス・キリストの誕生を預言しているだけですが,アイザイア・トーマスの場合は,自らが CBA の救世主となったということなのです.

ちなみに記事の中では,

> How does the former Detroit Piston account for his evolution from point god to the <u>Profit Isiah</u>?
> (得点王から金儲けのアイザイアに進化したことを,このかつてのデトロイト・ピストンズの選手は,どう説明するのでしょうか?)

としていました.

Profit Isiah とは,もちろん,Prophet Isaiah(預言者イザヤ)に引っ掛けた言い方です.聖書の中身を知らなければ,書き手のこういった遊び心を,決して理解することができないでしょう.

ここでみなさんに,もうひとりのイザヤをご紹介したいと思います.

イギリスにベンジャミン・ディズレーリという首相が

いましたが,彼はよく冗談まじりにこう言ったものです.

I am the missing page between the Old Testament and the New.

(私は『旧約聖書』と『新約聖書』の間の失われたページだ.)

　ベンジャミン・ディズレーリ(在職 1874-1880)の父はイザヤ・ディズレーリといいました.ベンジャミンもイザヤも,典型的なユダヤ人の名前です.ところが,父イザヤはユダヤ教徒なのに,ベンジャミンはキリスト教徒なのです.

　普通ユダヤ人は生まれながらにしてユダヤ教徒なのですが,イザヤはユダヤの人々と派手なけんかをして,息子のベンジャミンにキリスト教の教会で洗礼を受けさせることにしました.幸か不幸か,ベンジャミンはキリスト教徒になったために国会議員に当選し,首相にまでのぼりつめたのだといえます.こうした境遇を彼自身も皮肉に思っていたのか,そのため the missing page between the Old Testament and the New(『旧約聖書』と『新約聖書』の間の失われたページ)という言葉が出てきたのでしょう.『旧約聖書』とはすなわち彼にとってのユダヤ教,『新約聖書』とは彼にとってのキリスト教なのです.

預言者エレミヤと「うらみごと」

　みなさんにはぜひ,ここで四大預言者の一人エレミヤ

のことも知っておいてほしいと思います.

That might seem extreme, but let me complete my jeremiad.

(極端なことをいうようにみえるかもしれませんが,わたしのうらみごとを全部言わせてください.)

これは,2003年5月30日,イギリスの教育新聞タイムズ・ハイアー(*The Times Higher*)にダーラム大学のアンドリュー・ルース教授が書いた"The Unholy market kills divine life of the mind"(不浄な市場が神聖な精神生活を殺している)と題する記事の一部です.ルース教授は,神を求める中世の修道院から発生した大学には昔は思索と黙想の生活があったが,今の政府の教育政策は,大学を「知の大量生産工場」(intellectual factory)にしている,と嘆いています.

jeremiad とは,日本語で「うらみごと」という意味ですが,その語源は預言者エレミヤ Jeremiah にあります.エレミヤのことは,『旧約聖書』の「エレミヤ書」に詳しく載っています.彼はバビロン捕囚を預言した人物なのですが,その当時,ユダヤ人たちが神の教えに背き破滅への道を歩んでいることに気づき,そのことを深く嘆いていました.そのため,英語で jeremiad といえば「嘆き,悲嘆,うらみごと」を意味するようになったのです.

6 箴言—詩編　Proverbs—Psalms

「箴言」と諭しの鞭

2001年11月3日のタイムズ紙に，生徒に体罰を与えて訴えられた校長の話が載っており，そこには次のように書かれていました．

A headmaster who is seeking the right to bring back the cane told a court that the corporal punishment of children was advocated by the Bible.
(鞭を返してもらおうとしている校長は，子どもの体罰は聖書によって弁護されていると法廷に語りました．)

聖書によって弁護されているとは，こういうことです．
Passages from Proverbs offered to the judge included: Folly is bound up in the heart of a child but the rod of discipline will drive it far from him.
(裁判官に提出された「箴言」の一節には，次のような句がありました．「若者の心には無知がつきもの．これを遠ざけるのは諭しの鞭．〔箴言 22: 15〕」)

proverb を辞書で引くと「ことわざ」とあるので，こういうことわざがあるのかと思ってしまう人もいるかもしれません．でも，ここでは Proverbs の P が大文字になっていることに注意してください．これは，The

Proverbs(箴言)と題する,『旧約聖書』の中のよく知られた一書のことであり,イスラエル人の知恵を表す道徳的,宗教的な教えを集めたものです.

この校長の学校では,過去18年間体罰が行われていましたが,それが禁止されてからというもの,校長はその行動基準がすっぽり抜け落ちてしまったと感じています.そして,「箴言」の最も有名なこの節も引用したのです.

He who spares his rod hates his son.
(鞭を控えるものは,自分の子を憎む者)〔箴言 13:24〕

これは,「自分の子を罰しないということは,その子を愛していないということだ.愛しているならば,子どもを厳しく叱るはずだろう.」ということです.

ただ,「箴言」の He who spares his rod…(鞭を控える者は…)については,これは実際に鞭で打つということではなく,子どもたちに教え諭すということを比喩的に表現しているのだと解釈している聖書学者もいます.

現代の西洋社会では,子どもに体罰を与えることは厳しく批判され,ときには法律違反となることもあります.2003年9月,英国自由民主党は "Don't smack children."(子どもをたたいてはいけない)を,公式な政策として採用しました.子どもをたたくことは domestic violence(家庭内暴力)だとし,常習者には厳しい罰を与えるというものです.この政策について聞いた母親は,こう言っ

たそうです．

> We have to break the cycle of violence so that violent behavior is no longer a model.
>
> （私たちは，暴力行為を見習うことがなくなるように，暴力の悪循環を断ち切らなければなりません．）

　2004年7月5日，イギリスでは1806年に制定された子どもの平手打ち禁止法の改定について大きく論議されました．現在の法律では，穏当な懲罰ということで親が子どもに平手打ちを加えることが許されていましたが，新しく平手打ちの全面禁止法が設けられると，親を犯罪者として扱わなければならない場合もあるということで，警察と裁判所にとっても大問題になるという議論なのです．ブレア首相は親を有罪にしたくないので，全面禁止には反対しました．

ソロモンの知恵とダビデの賛歌

　「箴言」の中のいくつかの言葉は，紀元前10世紀のあの非凡なユダヤの王ソロモンのものだと言われています．彼は，これまた偉大な王であった父ダビデの後を継いで王になったとき，王としての知恵を求めて祈りました．

> 「わが神，主よ，あなたは父ダビデに代わる王として，この僕をお立てになりました．しかし，わたしは取るに足らない若者で，どのようにふるまうべきかを知りません．…どうか，あなたの民を正しく裁き，善と悪を判断することができるように，この僕

に聞き分ける心をお与えください．そうでなければ，この数多いあなたの民を裁くことが，誰にできましょう．」[列王記上 3:7-9]

ソロモンは自分自身の長寿や富，敵の死などではなく，人々の訴えを正しく聞き分ける知恵を求めたため，神は喜んでソロモンに，後にも先にも並ぶ者のないほどの知恵と理解力を授けました．さらに，彼が求めなかったもの，他のいかなる王も手にしたことのない富と栄光をも与えたのです．

少し前のことですが，世界的に有名なアメリカのニュース解説者ジョージ・ウィルが，テレビ番組でマイクロソフト社について話していました．1275 の特許があり，3 万 7000 人の従業員を抱えているマイクロソフト社は分割の準備を進めているとのことですが，とても容易にできることとは思えません．それについてのジョージ・ウィルのコメントは，以下の通りでした．

What Solomon will oversee the dividing of this company?

(どんなソロモンが，この会社の分割を監督するのでしょうか．)

つまり，神から並ぶ者のないほどの知恵と理解力を与えられたソロモンほどの人物でなければ，とてもこの分割を監督するのは無理であろうということです．ですから，どちらとも選びようもない難しい問題をうまく解決できたとき，Solomonic decision(ソロモンのように賢明

な決定)という表現も使われます．ただ，この番組でも通訳者はソロモンの名を挙げず「知恵者」と訳したのは残念でしたが．

　一方，ソロモンの父ダビデ王によって書かれたPsalms(「詩編」)には，次のような有名な一節があります．

　Your rod and your staff they comfort me.
　(あなたの鞭，あなたの杖　それが私を力づける．)
　　〔詩編 23:4〕

最初に挙げた「箴言」の例同様，鞭や杖が叱咤激励の道具になるということを述べたものですが，アメリカで悲劇的なテロ事件が起こった2001年9月11日，ブッシュ大統領は打ちのめされショックを受けていたアメリカ市民を，この一節を引用しながら励ましました．「詩編23」は，"The Lord is my shepherd"(主はわたしの羊飼い)という言葉で始まる，最も有名なダビデの賛歌です．

　日本でこのスピーチがテレビ放送されたとき，残念ながら，日本人の通訳者はそれが「詩編」の引用であるというところを飛ばしてしまいました．Psalmsという単語は[saːm]と発音するのですが，日本人には聞き取りにくかったのかもしれません．しかし，ブッシュ大統領が聖書の有名な一節を引用したということを知らないままでは，彼のスピーチを本当に理解したとはいえないのではないでしょうか．

7 福音書　Gospel

「福音の真理」の持つ意味

日常の言葉でよく使われる gospel truth は,「福音の真理」という意味です.『新約聖書』の最初には, イエスの生涯とその教えを書いた4つの「福音書」がありますが, ここには疑いの余地のない真実が書かれているというので, gospel truth は,「何かが間違いなく事実である」「疑問の余地なく真実である」という意味に使われます.

それでは, gospel(福音)とはそもそもどういう意味でしょうか.

これは, good news(よい知らせ)という意味のギリシャ語から来た言葉です. キリスト教徒にとって, キリストの生涯とその教えとは,「よい知らせ」なのです. そしてそれが,「マタイによる福音書」「マルコによる福音書」「ルカによる福音書」「ヨハネによる福音書」の4書にまとめられて『新約聖書』に入っているのです.

「ヨハネによる福音書」は, 次のような有名な一節で始まっています.

> In the beginning was the Word, and the Word was with God, and the Word was God. The same was in the beginning with God.

(初めに言(ことば)があった．言は神と共にあった．言は神であった．この言は，初めに神と共にあった．)〔ヨハネによる福音書 1: 1-2〕

2003 年 4 月 19 日のアイルランド・タイムズ紙 (*The Irish Times*) に，When the word was made fresh (その言葉が新しくなったとき)という見出しが載ったことがありますが，「ヨハネによる福音書」を知らなければ，書き手がなぜこの言葉を選んだかは分からないでしょう．「ヨハネによる福音書」の続きには，こんな言い方があるのです．

And the Word was made flesh, and dwelt among us.
(言は肉となって，わたしたちの間に宿られた．)
〔ヨハネによる福音書 1: 14〕

新聞記者は，flesh (肉) という言葉を fresh (新鮮な，生々しい) という語に変えて，聖書の言葉を引用したのです．

ちなみにこの記事は，17 世紀に改訳された聖書の「欽定訳」(King James Version) の成立について紹介したものでした．すると the Word というのは聖書のことを指し，より新しい英語の言葉になったので，fresh という語を使ったのだと分かります．

gospel を使ったさまざまな表現

もうひとつ，別の例を紹介しましょう．

2003 年 8 月 2 日のインターナショナル・ヘラルド・

トリビューン紙は俳優メル・ギブソンの新しい映画について，"The Gospel according to Gibson" という見出しで紹介していました．「ヨハネによる福音書」や「マタイによる福音書」は英語で "The Gospel according to John"，"The Gospel according to Matthew" のように言うので，この見出しはさしずめ「ギブソンによる福音書」といったところでしょう．

これは，彼が製作・監督・脚本を手がけた *The Passion of the Christ*（『パッション』）という映画です．Passion とは「受難」という意味で，この映画はキリストが十字架にかけられるまでの最後の 12 時間を描いたものです．台詞はすべてラテン語とアラム語（キリストの時代に話されていた言葉），そしてヘブライ語になっているとのことで，まさにメル・ギブソンが自ら作りたかった，ギブソン版「受難」映画です．アメリカ ABC 放送の有名なレポーター，ピーター・ジェニングスは，"The death of Jesus according to Mel Gibson"（メル・ギブソンによるイエスの死）と表現しました．ここでもやはり聖書を意識して according to という言葉を使っています．メル・ギブソンは，雑誌『フォーブス』の選ぶ名士の上位 10 人中の第 1 位に挙げられていました．評判の良いこの映画が世界中で 6 億ドルを稼ぎ，2 億 1000 万人の観客を動員したからです．ちなみに，スティーブン・スピルバーグは，このランキングで第 8 位でした．

III 聖書を読めば英語はもっと身近に 185

　日本では「スヌーピー」という名で知られているアメリカのコミック Peanuts の作者チャールズ・シュルツは, 1965 年に The Gospel According to Peanuts(『ピーナツによる福音書』)という本を出し, その後 Short Meditation on the Bible and Peanuts(『聖書とピーナツについての短い瞑想』)を書きました. U. S. News & World Report 誌によれば, 「スヌーピー」に登場するいたずらっ子のルーシーは, 明らかに人間の「原罪」を表しているのだそうです.

　このほかにも Gospel は小文字で始まる gospel として, political gospel(政治的信条), take it as gospel(絶対に正しいと思い込む)といったように, 日常の英語の中で使われますので, 注意していればどこかで見かけるかもしれません.

　2002 年 9 月 3 日, イギリスのタイムズ紙には, 16 時間もの陣痛の末死産に終わった妊婦の話が紹介されていました. 彼女は病院から「ベッドが足りないから家にいてください」と言われ, 十分な手当てを受けることができなかったのです. 妊婦の母親は, こう言ったそうです.

　　You just take what they say as gospel, but maybe we should start answering back.
　　(あなた方は病院の言うことを福音のように聞いているけれど, 私たちはそれに対して言い返すべきではないでしょうか.)

　この take it as gospel とは, 「福音のように聞く」つ

まり，なんの疑いもなく真実だと信じてしまうということです．

2000年3月26日付のサンデー・タイムズ紙には，オブザーバー紙の記者の記事が載っていました．タイトルは，

It's gospel, I'm with the God squad.

（それは福音です．私は神のチームにいます．）

というものです．

その記者はかつて麻薬中毒でひどい生活をしていたのですが，the God squad（神のチーム）に入ること，つまり信仰生活を送るようになってからは，すっかり立ち直ったとのことです．それは，彼にとって当然受け入れるべき真実，すなわち gospel だったのです．

8 説教　Sermon

山上の説教

2002年12月のことです．英国政府の白書に失望したロンドン大学の現代英国史の教授ピーター・ヘネシーは，タイムズ・ハイアーという教育新聞の中で，次のように始まる記事を書きました．

> If the Sermon on the Mount had been a government white paper, Christianity would never have got off the ground.
>
> （もし山上の説教が政府の白書だったら，キリスト教は決して広まらなかっただろう．）

つまり，それだけ政府の白書が退屈なものだということなのですが，Sermon on the Mount（山上の説教，山上の垂訓）とはどういうものだったのでしょうか．「マタイによる福音書」の第5章を見ればよく分かります．

イエス・キリストは各地で教えを説いて回っていましたが，その評判を聞いて，大勢の人々が彼の話を聞くために集まって来ました．そこでイエスは山の上に登り，後世に伝わる説教を始めました．それが，「心の貧しい人々は幸いである」で始まる「山上の説教」と呼ばれるものです．

「山上の説教」の中で述べられた8つの主要な教えは，

The Beatitudes(八福)と呼ばれています．この言葉は，ラテン語の beatus(＝happy)から来ています．つまり，イエスの教えは私たちにとっての幸せだということです．

また，同じ「八福」で始まるより短い説教が「ルカによる福音書」にも記されていますが，こちらは平らなところで行われたという記録になっているため，the Sermon on the Plain(平地での説教)と呼ばれています〔ルカによる福音書 6: 20-26〕．

ヘネシー教授は，さらにこんなふうに述べています．

> In short, the Sermon on the Mount would be business as usual, which would not, of course, prevent Jesus from eventually changing the world …
>
> (要するに，山上の説教は日常業務なのでしょう．もちろんそれは，結局イエスが世の中を変える妨げにはなりませんでしたが…)

世の多くの指導者たちは，常日頃から口では「平和を願う」と語っていますが，最終的な交渉の段階になると，態度を変えてしまいます．心の豊かな人になることを説いたイエスの「山上の説教」も，彼らにとっては，結局 business as usual(日常業務)のひとつと同じ内容になってしまうのでしょう．

それでも，イエスは山上の説教によって世界を変えました．ですから，私たちも将来に対して希望を持ちたいものです．

III 聖書を読めば英語はもっと身近に

平和を実現する人

　Sermon on the Mount(山上の説教)の中で，今の世界にとって最も大事な聖句は次のものかもしれません．

　　Happy are those who work for peace; God will call them his children!
　　(平和を実現する人々は，幸いである．その人たちは神の子と呼ばれる．)［マタイによる福音書 5:9］

　同じところを別の版の聖書では，Blessed are the peacemakers…と言っています．みなさんもお聞きになったことがあるかもしれませんが，この peacemaker という言葉は，「平和を実現する人」「仲裁者」といった意味で，現代の日常生活の中でもよく使われるものです．

　2003年1月6日，イギリスのタイムズ紙にこんな見出しがありました．

　　The hero peacemaker spurned by Hitler.
　　(ヒトラーに拒絶された平和実現の立役者)

　これは，ナチス・ドイツの時代に，ヒトラーを批判してナチスへの抵抗運動を指導したアルブレヒト・ハウショファーに関するものでした．彼はヒトラーを "Satan's representative on Earth"(地上における悪魔の代表者)と呼び，早いうちからナチスの拡大の危険性について警告していました．しかし，最終的には逮捕入獄となり，1945年4月，戦争終結直前に，ナチス親衛隊によって処刑されました．処刑の際，彼は "Guilt"(罪)と題する

一編の詩を手にしていたそうです．それは，もっと早い時期にヒトラーを厳しく糾弾すべきだった，そうすればこんなことにはならなかったのに，という，自責の念をつづったものでした．

彼のように，平和の実現に向けて努力する人をpeacemakerと呼ぶのですが，これはまぎれもなく聖書から来ている表現です．

アメリカにはPeacemakerという名前のキリスト教団体があり，虐待されている人，麻薬中毒患者，親に見捨てられた子どもたち，性的攻撃を受けた人たち，ホームレス，エイズ患者，そして貧しい人々などを助ける活動をしています．彼らのモットーは，Seek the peace and prosperity of the city—pray to the Lord for it.（街の平和と繁栄を求めて—それを神に祈る．）というものですが，これは，「エレミヤ書」の29章7節にある言葉です．

この団体の創設者は，ラジオやテレビに出るたびに次のように言っています．

> It's time to be a peacemaker. Don't forget. Keep the peace. God bless you.
> （平和を実現する人になるときです．忘れないでください．平和を守るのです．みなさんに神の祝福がありますように．）

確かに，今は全世界がpeacemakerを必要としているときでしょう．troublemaker（もめごとを起こす人）は，少なければ少ないほどよいのです．

9 たとえ話 Parables

種をまく人のたとえ

2002年7月6日のイギリスのタイムズ紙は,イギリス首相トニー・ブレアの好きな聖書の一節を紹介していました.それは,「マルコによる福音書」の第4章冒頭にある the Parable of the Sower(種まく人のたとえ)です.彼はこの話から慰めを得ているとのことでした.

ある人が,畑に種をまいたときのことです.ある種は道端に落ちて鳥に食べられてしまい,ある種は石だらけの土の少ないところに落ちました.そこは土が浅いのですぐ芽を出したのですが,根がないために日が昇ると枯れてしまいました.茨の間に落ちた種も,実ることはありませんでした.しかし,よい土地に落ちた種は芽を出して成長し,多くの実を結んだのです.

イエスは群衆の前でこの話をしたのですが,あいにくイエスの弟子すらもこの話の意図するところを理解することができませんでした.そこで,イエスは彼らにこの話の意味を説明しました.

種とはメッセージのことで,同じメッセージを送っても,受け手によってその成果が異なるということを表しています.あるメッセージは鳥に食べられた種のように,悪魔に取られてしまう.またあるメッセージは喜んで受

け入れられるが，深く浸透することなく，なくなってしまう．さらに，富に対する愛着やあらゆる種類の欲にまどわされていると，茨の中の種のように，悪いものにはばまれてメッセージが育たない．しかし，よい人に与えられたメッセージは，豊かに実るということを言いたいのです．ブレア首相は，「よい人に与えられたメッセージは100倍もの実を結ぶ」というイエスの言葉に大きな励ましを見出したのでしょう．

　これは，現代でも親や教師，管理職の人たちなど，人を指導する立場にある人たちが好んで使うたとえ話です．

聖書の中のさまざまなたとえ話

　聖書の中には，このように深い意味をもつたとえ話が多数収められています．たとえば，以下のようなものが知られています．

> The Parable of the Mustard Seed　からし種のたとえ話（マタイ 13: 31-32，マルコ 4: 30-32，ルカ 13: 18-19）
> からし種はどんな種よりも小さいのに，成長するといかなる野菜よりも大きくなる．天の国はこのようなものである．
>
> The Parable of the Hidden Treasure　隠された宝のたとえ話（マタイ 13: 44）

畑に宝が隠されていたら,見つけた人は誰にもそれを言わず,家財道具を売り払ってでもその畑を買うだろう.天の国とは,そのようなものだ.

The Parable of the Tenants in the Vineyard　ぶどう園の借地人のたとえ話(マタイ 21:33-46,マルコ 12:1-12,ルカ 20:9-19)
ある人が自分のぶどう園を農夫たちに貸していた.やがて収穫を受け取るために使いを送ると,農夫たちはその使いを殺してしまった.再び使いをやると,その使いも殺された.3度目に自分の息子を送ったが,息子まで農夫たちに殺された.さて,ぶどう園の主人はその農夫たちをどうするだろうか? これは,神と神の国を与えられた者たちの関係を示している.

The Parable of the Prodigal Son　放蕩息子のたとえ話(ルカ 15:11-32)
ある人に2人の息子がいた.兄のほうはまじめに働いていたが,弟のほうは父親の財産をもらって放蕩三昧,やがてお金を使い果たした.無一文で家に帰ってきた息子のために,父親は盛大な宴を開いた.怒る兄に対して,父はこう言った.「弟はいなくなったのに見つかったのだから,宴を開いて喜ぶのは当然ではないか」.

The Parable of the Good Samaritan　善いサマリア人のたとえ話(ルカ 10：25-37)

ある人がエルサレムからエリコへの道中で追い剝ぎにあい，服を剝ぎとられたうえ，暴行を受けて道端に倒れていた．そこに通りかかった人たちは，見て見ぬふりをして通り過ぎて行くが，あるサマリア人だけがその人を助け，近くの宿屋に連れて行って介抱してあげた．そして翌日になると銀貨2枚を宿屋の主人に渡して言った．「この人を介抱してください．費用がもっとかかったら，帰りがけに払います．」イエスは，こんな人こそ本当の隣人である，とし，同じようにすることを勧めている．

2000年に公開されたケビン・スペイシー主演のアメリカ映画『ペイ・フォワード／可能の王国』(*Pay It Forward*)がアメリカのタイム誌で紹介されたとき，見出しに a parable about goodness とありました．普通に辞書を引いただけでは，「善意のたとえ話」としか分かりませんが，キリスト教圏では普通，これが，聖書の「善いサマリア人のたとえ話」のことを指しているのだと分かります．映画は，ある中学生が始めた社会運動についてのもの．「1人の人が誰か3人に対してよいことをして，それぞれの人がまた3人にいいことをして，これを繰り返せば，やがて世界はもっと住みやすいところになるは

ずだ」という考え方です.このように,見返りを期待せず,匿名でいいことをするのを,西洋ではよく「善いサマリア人」の話と結びつけるのです.

　こういったたとえ話はすべて,イエス・キリストが語ったものです.イエスは群衆を相手に話すとき,好んでたとえ話を用いました.あるとき弟子たちは,イエスがなぜたとえ話を使って説教をするのかを聞くと,彼はこう答えました.「あなたがたには天の秘密を知ることが許されているが,あの人たちには許されていないからだ.」[マタイによる福音書 13: 11]

　イエスのたとえ話を聞いたあと,イエスにその意味を尋ねた熱心な人々は,イエスからその意図するところを聞くことができましたが,真の意味を理解せずに去ってしまった人も多かったことでしょう.幸いにして現代の私たちは,聖書に書かれている説明を読めば,たとえ話のほとんどの意味を理解することができるのです.

不運な女のたとえ話

　2003年,アメリカの現代女性詩人シルビア・プラスの伝記映画 *Sylvia* が公開され,欧米のメディアはしばらくその話題でにぎわいました.ニューヨーク・タイムズ紙の映画評には,次のように書かれていました.

> Her short life has become, fairly or not, a parable of the stifling of women's self-expression by a chauvinist literary establishment in the years before

feminism.

(彼女の短い生涯は，それが公正かどうかは別にして，フェミニズム以前の時代における男性中心主義の文壇によって，女性の自己表現の息の根を止めることのたとえ話にされた.)

シルビアはボストン生まれですが，イギリス人で詩人の夫テッド・ヒューズと共にイギリスに住んでいました．1963年2月11日，33歳のときに，幼い子ども2人が眠っている部屋の隣で，ガスオーブンに頭を突っ込んで自殺しました．その家は1923年にノーベル賞を受賞したアイルランドの詩人イェーツが住んでいた家でした．当時の男性中心主義の社会の中では，詩人として作品を発表していくのは大変なことだったに違いありません．そこで，この映画は「女性の自己表現の息の根を止めることのたとえ話」と呼ばれたのです．

また，2003年2月8日付のタイムズ紙にはやはりこの映画のことが，a parable of a doomed woman（不運な女のたとえ話）として紹介されていました．ちなみにシルビアは死後20年経ってピュリツァー賞を受賞，またテッド・ヒューズもイギリスの詩人に与えられる最高の栄誉である Poet Laureate（桂冠詩人）の称号を与えられています．

私は現代のたとえ話となっているシルビアが，聖書のたとえ話を読んで思いとどまっていてくれたら，と思わずにはいられません．

10 パンを裂くこと（使徒言行録）
Breaking Bread (Acts)

ダイエットとスクープ

 2003年6月9日号，アメリカの雑誌タイム誌に，"Breaking Bread"（パンを裂くこと）という見出しがありました．内容は，ダイエットについてです．

 従来のダイエットは，脂肪をあまり摂らないことによって行うものがほとんどでしたが，アメリカの神経外科医が，炭水化物の少ない食品を摂ることによって行うダイエットのほうが，脂肪を避けるダイエットよりも効果があることを発見したのです．実際，被験者に6カ月テストしてもらったところ，そのダイエットを実践した人は，脂肪を避けるダイエットを試みた人より，2倍も減量することに成功したそうです．

 こういう画期的な発見を知らせることを，英語でよくbreaking news（スクープ）と言います．しかし，ここでは食べ物の話なので，bread という言葉を使い，breaking news と breaking bread を引っ掛けたのです．

 breaking bread を単に「パンを裂く」という意味だと思っていたのでは，このしゃれが分からないでしょう．breaking bread や breaking of bread は「互いに食べ物を分け合う」といった意味で，よく聖書に登場する語です．つまり，この記事のタイトルは，聖書の言葉をもじ

ったものなのです.

breakと言えば「壊す」という意味なので,ニューズウィーク誌は,中国政府がマスメディアを弾圧していたときのことを,"Breaking The News"という見出しで紹介したことがあります.ここで言うThe Newsとは,たとえば政府にとって都合の悪い報道を行う新聞社のことで,このひとことの中に,「メディア(The News)を破壊する(Break)」と,それを伝えること自体スクープである(breaking news)という2つの意味がこめられているのです.

パンを分け合うキリストの使徒たち

breaking of breadという言葉がよく登場するのは,『新約聖書』の中の「使徒言行録」です.

> And they continued steadfastly in the apostles' doctrine and fellowship, and in breaking of bread, and in prayers.
> (彼らは,使徒の教え,相互の交わり,パンを裂くこと,祈ることに熱心であった.)〔使徒言行録 2: 42〕

「使徒」とは,イエス・キリストの弟子たちのことであり,「使徒言行録」は,世界のあちこちへ行ってキリストの教えを広めた福音宣教の準備について書かれたものです.使徒たちの教えを聞こうと集まってきた人たちは,使徒の教えを信じ,ともに食事をし,祈りました.

III 聖書を読めば英語はもっと身近に

> And they, continuing daily with one accord in the temple, and breaking bread from house to house, did eat their meat with gladness and singleness of heart, praising God, and having favor with all the people…
> (そして，毎日ひたすら心を一つにして神殿に参り，家ごとに集まってパンを裂き，喜びと真心をもって一緒に食事をし，神を賛美していたので，民衆全体から好意を寄せられた．)〔使徒言行録 2:46-47〕

約2000年前のキリスト教徒たちは，お互いに兄弟だという精神を持って，このように生活していたのです．

今でも世界中のクリスチャンたちが礼拝所に集まってパンを裂く儀式を行っているのは同じ精神によるものです．それは有名な「最後の晩餐」(Last Supper)の場面に見ることができます．

> And as they were eating, Jesus took bread, and blessed *it*, and brake *it*, and gave *it* to the disciples…
> (一同が食事をしているとき，イエスはパンを取り，賛美の祈りを唱えて，それを裂き，弟子たちに与えながら言われた．)〔マタイによる福音書 26:26〕

日本では最も大事な食べ物はコメかもしれませんが，聖書の世界ではパンなのです．私の国・レバノンでもそれは同じことで，現在でもパンと塩を分かち合うことを，交友関係の基礎にしています．ちなみに中東のパンはピザの生地のような丸く平べったいもので，フランスパン

や食パンのようなものではありません．

『旧約聖書』の「コヘレトの言葉」には，こんな一節があります．

> Cast thy bread upon the waters: for thou shalt find it after many days.
> （あなたのパンを水に浮かべて流すがよい．月日がたってから，それを見いだすだろう．）［コヘレトの言葉 11：1］

これは，「いいものを手に入れたら，いったんそれを手放しなさい．するとのちにまたそれを手に入れることができるでしょう」といった意味ですが，レバノンでも同じように，「よいことをしなさい．そして海に投げ捨てなさい」といいます．「人からの感謝を期待しないで，いいことをし続けなさい」という教訓なのです．

聖書の中のパンを使った表現

聖書のパンについては，「人はパンのみによって生きるのではない」という有名な格言があります．これもイエス・キリストの言葉のひとつなのですが，イエスが40日間荒れ野で断食をしていたときのことです．悪魔がイエスを試そうと，「この石がパンのかたまりになるよう命じてみろ」と言ったところ，イエスはこう答えたのです．

> It is written, Man shall not live by bread alone, but by every word that proceedeth out of the mouth of

God.

（人はパンだけで生きるものではない．神の口から出る一つ一つの言葉で生きると書いてある．）〔マタイによる福音書 4：4〕

It is written（…と書いてある）とは，イエスより前に，「申命記」8：3に書いてあることをイエスが引用しているからです．

今では「人はパンのみによって生きるのではない」は，「食べ物だけでなく，精神的な事柄も大事である」という意味で使われるようになりました．また，「ひとつのことにこだわるのではなく，他のことも視野に入れなさい」という意味にもなります．

2002年4月のアメリカFOXテレビの経済ニュースで，コメンテーターが次のように述べていました．

So, investors do not live by bread alone.

（それで，投資家はパンだけで生きているわけではありません．）

このときニュースでは，ある有望な食品会社の株に期待しすぎることなく，他の株にも目を向けるようにと勧めていました．つまり，「パン（その食品会社の株）だけに頼りすぎないように」と言いたかったのでしょう．

パンは西洋では非常に大切な食べ物で，"Bread is the staff of life"（パンは生命の糧）ということわざもあるくらいですので，聖書を離れたところでも次のような言い回しに使われています．

breadwinner(パンを得る人)＝家族のために食い扶持を稼ぐ人．大黒柱．

bread line(パンの列)＝無料で提供される食事のために並ぶ人の列．

To take the bread out of someone's mouth(誰かの口からパンを取り出す)＝誰かの生計を奪うこと．

bread and butter＝生計，あるいは生活の基本手段を意味しますが，収入を得るための日常の仕事をも意味しています．しかし，これにハイフンをつけて bread-and-butter letter とすると，人からもてなしを受けたときのお礼状の意味になります．

To butter one's bread on both sides＝「ぜいたくをすること，むだづかいをすること」あるいは，「期待できる以上のものを望むこと」「二つの側から一度に利益を得ようとすること」という意味．

Don't quarrel with your bread and butter.(あなたのバター付きのパン〈生計の手段，糊口の道〉と喧嘩するな)＝「無分別に職をやめるな」という意味．（生活の糧を奪われることになるため）

To know which side one's bread is buttered(パンのどちら側にバターが塗ってあるかを知る)＝「自分の利益に気をつける」という意味．

11 手紙 Letters

「手紙」のタイトル

2003年6月14日付のイギリスのタイムズ紙に，ヒットしている本に関する記事があり，その見出しがこうなっていました．

<u>The First Book of</u> Graham, Chapter I

日本の人はこれを見て，グレアムという人が書いた最初の本に関する記事だろうと思うだけでしょう．

でも，西洋ではたいていの人がこれが，聖書をもじったタイトルなのだと気づきます．The First Book of…や The Second Book of…というのは，聖書に収められている書によくつけられている言い方で，日本語では「上」「下」などとしています．たとえば，"The First Book of Samuel" は「サムエル記上」，"The Second Book of Samuel" は「サムエル記下」となるわけです．

記事の中の「グレアム」とは，グレアム・テイラーという43歳の司祭で，「シャドウマンサー」と題する子ども向けのファンタジー小説を書き，"hotter than Potter"（ハリー・ポッターより人気がある）と書かれるほどの評判をとりました．

聖書の名前はたいていファミリーネームではなくファーストネームを使っていますので，グレアム・テイラー

についても「テイラー」ではなく「グレアム」が使われています．そして，聖人の名前が出てくる聖書の書と言えば，やはり終わりのほうにある「ヤコブの手紙」「ペトロの手紙」「ヨハネの手紙」などの「手紙」を思い出します．

これらの「手紙」は，上記のように使徒たちの名前が冠されたもののほかに「使徒パウロのローマの信徒への手紙」"The Epistle of Paul, the Apostle to the Romans"（あるいは「ローマの信徒への手紙」"The Letter to the Romans"）など，使徒パウロが各地の信徒に宛てた手紙のかたちを取ったものがあります．聖パウロの手紙は，たとえば「ローマの信徒への手紙」というように，書き手の名前はなく単に「〜への手紙」となっています．その他の使徒の手紙は，「ヤコブの手紙」The Letter from (of) James のように書き手の名前がついています．

また，「ローマの信徒への手紙」は，英語ではよく Rom. などと省略して書かれ，たとえば聖パウロの「コリントの信徒への手紙」は，Cor. と略されます．「コリントの信徒への手紙」には「1」と「2」がありますので，それぞれ 1 Cor., 2 Cor. のように表記します．

現代に残る聖パウロの教え

2002 年 10 月 25 日，イギリスのタイムズ・ハイアー紙に載った記事に，

> In defence of art criminals

III 聖書を読めば英語はもっと身近に　　205

（美術の犯罪を弁護して）

というものがありました．

　ここでは，19世紀のフランスの画家ギュスターブ・クールベの絵画「世界の起源」について述べられていました．クールベは数々の名作を残した優れた画家ですが，この「世界の起源」は女性の下半身を大写しにして描いたスキャンダラスな作品で，当時から論争の的になっていました．

　記事は，このクールベの絵画などをもとにしてイギリスの法律家が書いた本『破戒：美術の法律違反』(*Transgressions: The Offences of Art*)に触れていました．transgressionとは宗教的な犯罪，道徳上の罪などを指すのですが，「世界の起源」のようなスキャンダラスな絵画は，モラルに反するかどうかということが問題になっていました．

　そこで，この記事を書いたヘイワード美術館元館長のヘンリー・メイリック・ヒューズは，こう言ったのです．

　　Taking his lesson from St. Paul —— "Where no law is, there is no transgression."

　　（聖パウロの教えに従えば，「律法のないところには，違反もありません」ということです．）

　このlawとは，国が決める法律のことではなく，「律法」，すなわち神との契約のことです．ヒューズ氏の言わんとしているところはつまり，「モラルに関する決まりがない以上は，スキャンダラスな絵画も，何かに違反

しているものとは言えないのではないか」ということですが, では, もとの聖書の言葉の意図しているところとは何でしょうか.

「ローマの信徒への手紙」には, こう書かれています.

> The law brings down God's anger; but where there is no law, there is no disobeying of the law.
> (実に, 律法は神の怒りを招くものであり, 律法のないところには違犯もありません.)〔ローマの信徒への手紙 4:15〕

イエス・キリストや聖パウロの時代には, まだユダヤ人の定めた「律法 the law」が圧倒的な権威を持っていました. しかし, 聖パウロは律法に盲目的に従うことよりも神の愛を信じることのほうが大事だと説いたのです.

「ローマの信徒への手紙」は, イエス・キリストの死後, 各地で布教して回っていた使徒パウロが, ローマのキリスト教徒を訪れる前に, 彼らに宛てて書いたものです. 『新約聖書』の中にある 13 通の手紙の中で最初のものですが, この中で彼はこう語っています.

> For the gospel reveals how God puts people right with himself: it is through faith from beginning to end. As the scripture says, "The person who is put right with God through faith shall live."
> (福音には, 神の義が啓示されていますが, それは, 初めから終わりまで信仰を通して実現されるのです. 「正しい者は信仰によって生きる」と聖書に書いて

あるとおりです.)〔ローマの信徒への手紙 1: 17〕

聖パウロは自分の手紙の中で the scripture という言葉を使っていますが，これは当時の人々にとっての聖書のことで，今の『旧約聖書』にあたります．scripture は，a writing（書くこと，文書）という意味のラテン語 scriptura に由来する言葉です．現代の英語では，聖書のことを Scripture あるいは Holy Scriptures と言ったりもします．

同じ聖パウロによる手紙に，「エフェソの信徒への手紙」というのがあります．

1997 年 11 月 22 日付のパシフィック・デイリー・ニューズ紙の記事には，子育てに関するこんなアドバイスがありました．

> The Bible gives moms and dads a couple of conflicting guidelines to balance when it comes to exerting parental control over adolescents. "Honor your father and mother" is a commandment for children, but the Apostle Paul in Ephesians also reminds fathers not to exasperate their children.
> （思春期の若者を両親がコントロールするにあたり，聖書はいくつかの矛盾する指針を与えている．十戒のひとつは「父母を敬え」と言っているが，「エフェソの信徒への手紙」の中で使徒パウロは父親に，子どもを怒らせすぎることのないようにと言っているのである.)

パウロの言ったこととは,「エフェソの信徒への手紙」の第6章4節にある,次のような言葉です.

> Parents, do not treat your children in such a way as to make them angry. Instead, raise them with Christian discipline and instruction.
>
> (父親たち,子供を怒らせてはなりません.主がしつけ諭されるように,育てなさい.)

厳しすぎてはいけないし,甘やかしすぎてもいけない.聖書の中にも,現代に通じる教えがあることが分かっていただけるかと思います.

12 黙示録
Revelation, The Apocalypse, Apocalypse of John

「創世記」は「黙示録」を必要としない？

2002年11月23日付のアイルランド・タイムズ紙に，こんな見出しがありました．

Genesis could do without the revelations

Genesis とは，すでに見てきたように聖書の「創世記」を指します．Revelation は聖書の最後の書「ヨハネの黙示録」を指すので，記事の内容を知らずにこの見出しを読んだら，「創世記はヨハネの黙示録を必要としない」という意味にとれ，何か宗教に関係のある話かと思うでしょう．

でも，実は，これはアイルランドのサッカーに関するスポーツ記事でした．アイルランドのサッカー協会 FAI (Football Association of Ireland) は，運営体制に関する改革を進め，それを「ジェネシス・レポート Genesis Report」と名づけています．これに対し，FAI の会計係であるジョン・ディレイニー氏は，FAI の運営状況についていろいろ細かい報告を行いました．しかし，協会の首脳陣は，彼の報告を有益なものであるとは見なしていません．そこで，"Genesis could do without the revelations." (Genesis は，revelations〈啓示〉など必要としない) という見出しができあがったのです．

大文字で始まる Revelation は「ヨハネの黙示録」の意味ですが，小文字で始まる revelation は，「啓示」という意味になります．なぜ記事の書き手がこの言葉を選んだかといえば，聖書の一番初めの書である「創世記」Genesis という語に一番終わりの書である「黙示録」を対比させたいということと，もうひとつ会計係の名前が John（ヨハネの英語名）であることに関係しているでしょう．スポーツの記事ひとつ読むにも，聖書に関するこれだけの知識があると，その面白さがより深く理解できます．

「ヨハネの黙示録」は，The Book of Revelation, The Revelation to John, The Revelation of St. John the Divine のように呼ばれます．または，The Apocalypse, Apocalypse of John ということもあります．

「黙示録」を書いたヨハネはイエスの弟子たちのなかで，イエスの死後，一番長く生きたようです．彼は牢獄につながれていたときに，この「黙示録」を書きあげました．初期の教会とキリスト教徒たちは，その信仰のために迫害されて時には投獄されたのです．

検閲を受けたため，ヨハネは「黙示録」を普通の文章ではなく象徴的な表現で書かなければなりませんでした．彼が書きたかったのは，イエスが the King of Kings（王の王），また the Lord of Lords（主の主）として再びこの世にやってくるということです．

「黙示録」は，聖書の他の書よりわかりにくいかもし

れません.それは,その象徴的な言葉づかいのためです.たとえば,こんな記述があります.

> Then I saw a Lamb standing in the center of the throne, surrounded by the four living creatures and the elders. The Lamb appeared to have been killed. It had seven horns and seven eyes, which are the seven spirits of God that have been sent through the whole earth.
>
> (わたしはまた,玉座と四つの生き物の間,長老たちの間に,屠られたような小羊が立っているのを見た.小羊には七つの角と七つの目があった.この七つの目は,全地に遣わされている神の七つの霊である)[ヨハネの黙示録 5:6]

この「七つの角と七つの目がある小羊」とは,イエス・キリストのことです.

「黙示録」という言葉の使われ方

「ヨハネの黙示録」はこの世の終末について書かれているので,「黙示録」を表す Apocalypse という語からきた apocalyptic という言葉は,「終末論的な」という意味で使われます.

2002年7月8日号,アメリカの雑誌タイムには,"Cult Shock"というタイトルのカルト宗教についての記事がありました.その中で,東京の地下鉄サリン事件などに触れ,このように語る一節がありました.

Yearning for spiritual leadership, Japan has spawned a rash of apocalyptic religions and ominously popular sects.

(霊的指導者に憧れ,日本は終末論的な宗教と不気味に人気のある宗派を突然大量に生み出した.)

もうひとつ,宗教とは関係のない例を見てみましょう. 2003年9月のスポーツ・イラストレイテッド誌には,

This Week's Sign of the APOCALYPSE
(今週の黙示録の兆し)

という記事がありました.

これは,ボクシングの元ヘビー級チャンピオン,マイク・タイソンと日本の格闘技 K-1 の選手ボブ・サップが対戦するかもしれないという内容でした.

ではなぜこれが Apocalypse(黙示録)なのでしょう?

「ヨハネの黙示録」には,この世の終末に向けて,天使の軍団と悪魔の軍団が一大決戦をするという場面があります.それを受けて,タイソン対サップの闘いを,「この世の終わりの一大対決」といったイメージにしたかったのでしょう.

また,日本でも有名なベトナム戦争を描いたフランシス・コッポラ監督の映画『地獄の黙示録』の原題は,*Apocalypse Now* と言います.悲惨なベトナム戦争の光景は,まさに現代の黙示録と言えるのでしょう.

付　録

キリスト教の
(すべてのキリスト教に共通のものとカトリック

月　日	名　称	英 語 名
1月1日	神の母聖マリアの祭日／主の命名日	Mary, Mother of God
1月4日(2004年)／1月2日(2005年)	公現祭*	Epiphany
1月11日(2004年)／1月9日(2005年)	主の洗礼の祝日*	Baptism of the Lord
2月2日	主の奉献の祝日／キャンドルマス	Presentation of the Lord／Candlemas／Purification of the Blessed Virgin Mary

主な祝祭日

特有のものとがあります．＊は移動祝祭日．）

解　説	参照する聖書の箇所
神の母としてのマリアの荘厳(Solemnity of Mary)を称える祝日．聖母マリアのもうひとつの称号はTheotokosですが，これはギリシャ語のTheos(神)とtokos(出産)に由来します．この祝日は，4世紀以来，15世紀の終わりまで10月11日に祝われていました．しかし，1965年，当時の教皇パウロ6世は，聖母に敬意を表して，また1年を通じて人々が聖母の保護下におかれるようにと，この祝日を1年の最初の日にすることを決めました．以前は，イエスの割礼と命名を記念する日でもありましたが，ごく最近それは1月3日になりました．	ルカによる福音書2:16-21/ガラテヤの信徒への手紙4:4-7
東方の三博士が，イエスの誕生を祝って贈り物をした，とされている日．もともとは1月6日に祝われていましたが，最近は1月6日以前の最初の日曜日に移されました．スペインなどでは，この日に子どもたちが特製のケーキなどのプレゼントをもらう風習があり，スペインではroscón de Reyes，英国やフランスでは，galette des Roisというそのケーキの中には豆や指輪，小さなお人形などが入れてあり，切り分けたとき，それに当たった者がその日の王様・王妃様になる，という風習があります．	詩編72:10, 15/イザヤ書60:6, 9/マタイによる福音書2:1-12
イエスのヨルダン川での洗礼を記念する日	詩編29:1-10/ルカによる福音書3:15-22/使徒言行録10:34-38
イエスが生まれて40日目に当時の律法に従い，エルサレムの神殿に捧げられたことを記念する祝日．レバノンの多くの村などでは，今も出産後1カ月後40日経つと母親は教会の門のところで子どもと共に司祭の祝福を受けてから教会の中に入ります．フランスではこの日にいろいろな種類のクレープを食べます．またこの日の	レビ記12:1-8/詩編24:7/マラキ書3:1-4/ルカによる福音書2:22-40

月　日	名　称	英 語 名
2月14日	聖バレンタインの祭日	St. Valentine
2月24日(2004年)/2月8日(2005年)	告解火曜日*	Shrove Tuesday, Mardi Gras
2月25日(2004年)/2月9日(2005年)	灰の水曜日*	Ash Wednesday
3月1日	聖デイビッドの日	St. David
3月17日	聖パトリックの祝日	St. Patrick
3月21日(2004年)/3月6日(2005年)	母の日(レント第4主日)*	Mothering Sunday (Fourth Sunday in Lent) /Refreshment Sunday/

解　説	参照する聖書の箇所
ミサでは世の光としてのキリストを象徴するろうそくを持って行列することから「キャンドルマス」とも呼ばれます.	
カトリックの聖人の祝日の一つ. 恋人たちのお祭りになったのは, 中世以降といわれます. 女性が男性にチョコレートを贈るのは, 日本独自の習慣です.	
世界中で祝われる謝肉祭(Carnival)の最終日. 謝肉祭では, 人々は罪の贖いのために断食する四旬節(Lent)に入る前に食べて楽しみます. イギリスでは, 人々が卵とミルクと小麦粉を混ぜたものを空中に投げ上げたり, あるいはフライパンに入れたホットケーキを走りながら放り上げつつ大通りを駆け抜けます. バッキンガムシャー州オールニの Pancake race(ホットケーキ競争)は有名です.	ヤコブの手紙 4:1-10
復活祭(Easter)の大祝日に先立つ40日の罪の贖いと祈りの期間である四旬節(Lent)の最初の日. この日信者は謙虚と悲しみの表現として灰をかぶったり聖灰で額に十字架の印を付す習慣からこの名があります.	出エジプト記 24:18/ マタイによる福音書 4:1-11, 6:16-18
ウェールズの守護の聖人, 聖デイビッドを記念する日. この祝日には, 人々はウェールズの国章である leek(ニラネギ)や daffodil(ラッパズイセン)を身につけます.	
アイルランドにキリスト教を伝道したといわれる守護の聖人・聖パトリックを記念する祝日. アイルランドその他の国では, この日に盛大なパレードが行われる. 聖パトリックの十字(St. Patrick's Cross)は白地に赤のX型十字で, 聖ジョージの十字, スコットランドの守護の聖人・聖アンドリュー(アンデレ)の青地に白のX型十字(St. Andrew's Cross)とともに, 英国国旗にとりいれられています.	マルコによる福音書 1:29-34, 13:3-13/ 使徒言行録 1:12-14
イギリスでは, 子どもたちが四旬節の第4日曜日に家や教会で母親に敬意を示します. 昔は, 自分の生まれた町や村を出て働いている人が,	イザヤ書 66:10/ ガラテヤの信徒への手紙 4:26-31

月　日	名　称	英 語 名
		Laetare Sunday / Mid-Lent Sunday
3月25日	神のお告げの祭日	the Annunciation
4 月 4 日(2004年)/ 3 月 20 日(2005年)	枝の主日(御受難の主日)*	Palm Sunday / Passion Sunday
4 月 8 日(2004年)/ 3 月 24 日(2005年)	聖木曜日(洗足木曜日)*	Holy Thursday / Maundy Thursday
4 月 9 日(2004年)/ 3 月 25 日(2005年)	聖金曜日*	Good Friday
4 月 10 日(2004年)/ 3 月 26 日(2005年)	聖土曜日*	Holy Saturday

解 説	参照する聖書の箇所
村の教会に行くため里帰りをする日でした．また，この日は Refreshment Sunday とも呼ばれますが，Refreshment の中に「元気回復，軽食」という意味があるように，断食するレント中のいわば息抜きの日にあたり，人々はシムネル・ケーキ(simnel cakes)という味の濃厚なフルーツケーキを食べて祝います．	
聖母マリアが大天使ガブリエルから，キリストの母になるというお告げを受けた日．このお告げという主題は，多くの画家や音楽家に霊感を与え，その作品は世界中の人々に賞賛されています．	ルカによる福音書 1：26-38
イエスが十字架に磔にされた受難と死を悼む聖週間(Holy Week)の始まりの日．この日，イエスがエルサレムに入城し，人々がイエスをたたえて道に木の枝を敷きつめたことから，「枝の主日」または「棕櫚の主日」と言われます．また，イエスの受難の始まりであることから「御受難の主日」(Passion Sunday)とも呼ばれます．	マタイによる福音書 21：1-11
イエスの最後の晩餐を記念する日．この日，イエスが謙遜と奉仕を教えるために弟子たちの足を洗ったことから「洗足木曜日」(Maundy Thursday)とも呼ばれます．そのことを記念して，この日の礼拝では，司祭や司教，そして教皇も，通常 12 人の男の人の足を洗います．	ヨハネによる福音書 13：1-11/ コリントの信徒への手紙一 11：23-26
イエスの十字架上の苦難と死を記念する日．午後 3 時と推定されるイエスの死を悼み，多くのキリスト教国で，この日は全日または半日の休日になっています．英国では，ホット・クロス・バン(hot cross bun)という十字形をつけた菓子パンを食べる慣習があります．	マタイによる福音書 27：1-61
イエスが墓に葬られた悲しい日であると同時に，日没から深夜にかけて 復活の希望を意味する「復活徹夜祭」(Easter vigil)が始まる日．多くの教会ではこの日の夜半から日曜日の明け方にかけて，復活の大ろうそくを灯す儀式が行われま	マタイによる福音書 27：62-66

月 日	名 称	英 語 名
4月11日(2004年)/3月27日(2005年)	復活祭日*	Easter / Easter Sunday
4月12日(2004年)/3月28日(2005年)	復活の月曜日*	Easter Monday
4月18日(2004年)/4月3日(2005年)	低い日曜日／白衣の日曜日	Low Sunday / the Sunday in White
4月23日	聖ジェオルジオ殉教者の祝日	St. George

解　説	参照する聖書の箇所
す．通常午後7時頃から行われるこの式には，教会外の人でも出席できます．また，この日の晩か翌日に洗礼が多く行われます．	
イエスの復活を記念する，キリスト教国ではクリスマスをしのぐ最大の祭日．復活祭のシンボルとしては，チョコレートでできた卵(Chocolate Easter eggs)やうさぎ(Easter bunnies)があります．欧米では，庭に卵を隠して子どもたちがそれを探すというゲームも一般的です．また，新しい服を下ろす時期ともされ，真新しい服を着て街を闊歩することを「復活祭パレード」(Easter Parade)と言います．	マタイによる福音書28:1-8/ルカによる福音書24:13-35/ヨハネによる福音書20:1-18
復活祭の翌日もヨーロッパとスカンジナビアの多くの国で休日となっています．また，イースター島は1722年4月6日のEaster Monday(復活の月曜日)にオランダの海洋探険家によって発見されたことにちなんで名づけられました．	マタイによる福音書28:8-15/使徒言行録2:14, 22-32
復活祭後の最初の日曜日は「低い日曜日 Low Sunday」といわれますが，それは大きな復活祭日(アラビア語で復活祭は「偉大な祝日」を表す言葉)と対比されるからです．また，「白衣の日曜日 the Sunday in White」とも呼ばれますが，それは昔，英国で復活祭に洗礼を受けて純白の霊的生活を身につけたというしるしに白衣を着た人たちが，この日に白衣を脱いだからです．	ヨハネによる福音書20:19-29/マタイによる福音書28:16-20/マルコによる福音書16:14-18/ルカによる福音書24:36-49
聖ジェオルジオ(ジョージ)は，イングランドとボーイ・スカウト，農業家，兵士，皮膚病者の守護の聖人です．この祝日は，英連邦の一部，ことにニュージーランドで祝われ，同国では休日です．白地に赤の聖ジョージ十字は，イングランドの国章であり，英国旗の中にも組み入れられています．ちなみに男性が女性に花を，女性が男性に本を贈るという「サン・ジョルディの日」は，この日がシェイクスピアとセルバンテスという2人の文豪の命日であることから，日本書籍商組合と日本生花商協会が考えだしたものです．	

月 日	名 称	英 語 名
5月23日(2004年)/5月8日(2005年)	キリスト昇天祭*	Ascension Day
5月30日(2004年)/5月15日(2005年)	聖霊降臨の主日(ペンテコステ)*	Whitsunday/Whit Sunday/Pentecost/Pentecost Sunday
5月31日(2004年)/5月16日(2005年)	聖霊降臨祭の翌日*	Whit Monday
5月31日	聖母の訪問の祝日	Visitation of Mary
6月6日(2004年)/5月22日(2005年)	三位一体の主日*	Trinity Sunday
6月13日(2004年)/5月29日(2005年)	キリストの聖体祭日*	Corpus Christi

解　説	参照する聖書の箇所
復活祭から40日目にキリストが弟子たちの前で天に昇られたことを記念する日.	マルコによる福音書16:19-20/ルカによる福音書24:50-51/使徒言行録1:9-11
「ペンテコステ」とは，ギリシャ語で「50番目」の意味で，キリスト復活から50日目，7度目の日曜日です．ユダヤ教では，過越祭の安息日から50日目の収穫祭，五旬節の日にあたります．	ヨハネによる福音書15:26-27, 16:12-15/使徒言行録2:1-13
聖霊降臨祭の翌日も多くの国で国民の祝日となっています．ギリシャでは，その日は"Day of the Holy Spirit"(聖霊日)と呼ばれます．	
聖母マリアが洗礼者聖ヨハネの母であるいとこのエリザベトを訪問したことを記念する日．5月は「聖母の月(Month of the Blessed Mary)」とも呼ばれます．Hail Mary(ラテン語でAve Maria)は，この訪問のときのあいさつにちなむ祈り文で，このときのマリアの答えはマニフィカト(Magnificat)，または「マリアの賛歌」とも呼ばれ，いずれも多くの音楽家が曲をつけています．	ゼファニヤ書3:14-18/ルカによる福音書1:39-56/ローマの信徒への手紙12:9-16
キリスト教の三位一体(Holy Trinity/Blessed Trinity, 父と子と聖霊が一体であるということ)の教えを記念する祭りで，ペンテコステ後の最初の日曜日に祝われるものです．	マタイによる福音書28:16-20/マルコによる福音書16:14-18/ルカによる福音書24:36-49/ヨハネによる福音書20:19-23/使徒言行録1:6-8
コーパス・クリスティ(Corpus Christi)とは，ラテン語で「キリストの体」すなわち聖体を意味し，ペンテコステ後の最初の日曜日(Trinity Sunday)後の木曜日，最近では日曜日に祝われる祝日です．オックスフォード大学などのCorpus Christi Collegeや，テキサス州の地名，教会などにこの名がつけられています．世界中でこの日に聖体(Blessed Sacrament)を運んで教会や街や村々を回る行列が行われます．	マルコによる福音書14:12-26

月　日	名　称	英 語 名
6月18日(2004年)/6月3日(2005年)	イエスのみ心の祭日*	Sacred Heart of Jesus / Blessed Heart of Jesus
6月24日	洗礼者聖ヨハネの誕生の祭日	Nativity of St. John the Baptist / Midsummer Day
6月29日	聖ペトロ聖パウロ使徒の祭日	Ss. Peter and Paul, Apostles
8月15日	聖母の被昇天の祭日	Assumption of the Blessed Virgin
8月29日	洗礼者聖ヨハネ殉教の記念日	Beheading of St. John the Baptist

解　説	参照する聖書の箇所
人類に対する愛のシンボルである「イエスのみ心」を崇敬する祝日．キリストの聖体祭日直後の金曜日に祝われています．6月は「み心の月」(Month of the Sacred Heart)とも呼ばれます．「み心」のフランス語はサクレ・クール(Sacré Cœur)でパリのモンマルトルの丘にある有名な聖堂の名前にもなっています．また，「み心」を漢字にすると「聖心」で，美智子皇后の母校の名称にもなっています．	詩編33: 11-19
聖人の祝日はふつう彼らがこの世を去った日ですが，諸聖人の母といわれるマリアと洗礼者ヨハネだけは誕生日が祝日となっています．この日は，夏至祭(Midsummer Day)とも重なっており，北欧などの地域ではこの日に広場に夏至柱をたて，その周りを輪になって踊ります．また，この日の前夜(St. John's Eve)にはろうそくを灯します．洗礼者聖ヨハネはてんかん，雹(ひょう)，仕立屋，羊飼い，蹄鉄工の守護の聖人です．	イザヤ書49: 1-6/ルカによる福音書1: 57-66, 80/使徒言行録13: 22-26
大昔，聖ペトロの像が6月28日の祝日に飾られていましたが，同じ飾りが，その翌日(29日)が祝日だった聖パウロの像に使われました．そのことから他の人に与えるために誰かから何かをとる，という意味で "To rob Peter to pay Paul" という表現が生まれました．今日，カトリックではこの2人を同じ日に祝っています．	マタイによる福音書4: 18-22, 16: 17-19/マルコによる福音書1: 16-20/ルカによる福音書5: 1-11
聖母マリアが肉体も魂も天に上げられたことを祝う祭日．カトリックでは聖母の最も重要な祝日とされ，被昇天の聖母は，インド，南アフリカ，パラグアイの守護の聖人となっています．この日はカトリックの多くの国では休日となっており，またフランスのルルドとかポルトガルのファティマといった巡礼地を訪ねる好機です．	ヨハネの黙示録12: 1-10
洗礼者聖ヨハネが，ヘロデ王の命令により首を切られて殉教したことを記念する日．ヘロデ王の誕生日に踊りを踊った少女サロメが，母ヘロディアのさしがねにより洗礼者ヨハネの首を褒美として所望した，とされます．	マタイによる福音書14: 3-11/マルコによる福音書6: 17-28/ルカによる福音書9: 7-9

月　日	名　称	英 語 名
9月8日	聖母マリア誕生の祝日	Nativity of the Blessed Virgin Mary
9月14日	十字架称賛の祝日	Holy Cross Day / Holy Rood Day
9月29日	聖ミカエル，聖ガブリエル，聖ラファエル三大天使の祝日／ミカエル祭	Ss. Michael, Gabriel, and Raphael-Archangels / Michaelmas
10月2日	守護の天使の記念日	Holy Guardian Angels
10月31日	諸聖人の祭日の前日	All Hallows Eve / Halloween / Eve of All Hallows
11月1日	諸聖人の祭日／万聖節	All Saints

解　説	参照する聖書の箇所
聖母マリアの誕生を祝う，カトリックと東方教会の祭日．	マタイによる福音書 1:1-23
聖十字架の発見とその地に建立された聖墳墓教会を記念する日．	ガラテヤの信徒への手紙 6:14
聖ミカエル，聖ガブリエル，聖ラファエルの三大天使を記念する日．古来，ヨーロッパでは秋分の日と同格に扱われ，アルプスでは放牧していた家畜をこの日に山から下ろすなどの風習があります．これらの天使には個別の祝日もあり，聖ガブリエルは3月24日，聖ラファエルは10月24日，聖ミカエルは，同じ9月29日が個別の祝日です．	ダニエル書7:9-14/トビト記/ヨハネによる福音書1:47-51/ヨハネの黙示録12:7-12
この世の各個人に，守護の天使(guardian angels)がいるというのは教会の古い伝承です．この日は，守護の天使を記念して各教会で祝われます．	出エジプト記23:20-23/マタイによる福音書18:1-5, 10/マルコによる福音書9:33-37/ルカによる福音書9:46-48
昔は，すべての聖人を記念する日(万聖節)のお祝いをその前夜に始めたものです．しかし，ハロウィーンはもともとキリスト教以前の起源を持っています．この日は，ケルト族のカレンダーで旧年最後の夜とされ，魔女や悪魔などの超自然的な力が最大になると信じられ the night of all witches(全魔女集団の夜)と呼ばれていました．魔女や悪魔に扮した子どもたちが，近所の人たちを訪ねて"trick or treat"(お菓子をくれないといたずらするぞ)と脅してお菓子をもらいに歩くアメリカの風習はよく知られています．	
すべての聖人，天国にいるすべての人を記念する日．多くのカトリック国では休日．カトリックやその他のクリスチャンは，聖人の名を自分の霊名とし，都市や街路や駅，それに食料品，チーズ，ワインにも聖人の名をつけます．	マタイによる福音書5:1-12/ヨハネの手紙一3:1-3/ヨハネの黙示録7:2-4, 9-14

月　日	名　称	英　語　名
11月2日	死者の日／万霊節	All Souls
11月21日(2004)/11月20日(2005)	王であるキリストの祭日*	Christ the King
11月28日(2004年)/11月27日(2005年)	待降節第1主日*	1st Sunday in Advent
11月30日	聖アンデレ使徒の祝日	St. Andrew, Apostle

解　説	参照する聖書の箇所
すべての死者を記念する日．諸聖人の祭日と翌日の死者の日は，いわば日本のお盆にあたる日で，人々は愛する人の墓参りをし，特別な祈りを捧げます．	知恵の書3：1-6, 9/ヨハネによる福音書6：37-40/ローマの信徒への手紙8：31-35, 37-39
イエスが十字架にかけられたとき，「ユダヤ人の王」と書かれた札がその頭上に掲げられましたが，イエスはこの世を支配する王というより，むしろ仕える王でありよき牧者としての王でした．このキリストの王職を称え祝う日．この祭日は1970年以来，待降節の始まる前の最後の日曜日に祝われます．	サムエル記下5：1-3/ルカによる福音書23：35-43/コロサイの信徒への手紙1：12-20
クリスマスの心の準備を始める日であり，教会典礼暦の始まりです．この日教会または家庭でAdvent wreath(待降節の飾り輪)の最初のろうそくに火をつけます．待降節の飾り輪にはいろいろな演出法がありますが，ここで挙げるのはその一例です．真中に白1本，周りに紫色3本，ピンク1本のろうそくを立てます．最初のろうそくは，紫色で「預言のろうそく」と呼ばれます．それは，イエスの誕生が数百年も前から預言されていたことを表し，紫色は諸王の中の王としてのイエスの王威を表します．	ルカによる福音書21：25-28, 34-36
兄弟ペトロとともにイエスの最初の弟子となった聖アンデレを記念する日．彼はX型の十字架にかけられて殉教したので，X型十字は聖アンデレ十字ともいわれます．漁師，魚商人，歌手，痛風患者，喉の痛い人，スコットランド，ギリシャ，ドイツ，ロシアの守護の聖人です．未婚女性の守護の聖人ともされ，各地に結婚にちなんだ迷信があります．たとえば，この日に若い人たちがカップをたらいに浮かべ，男の子のカップと女の子のカップが一緒に漂っていて"priest(司祭)"としるしをつけたカップがその間に入ると2人が結婚する，といわれます．	マルコによる福音書1：16-34, 13：3-13，使徒言行録1：12-14

月 日	名 称	英 語 名
12月5日(2004年)/ 12月4日(2005年)	待降節第2主日*	2nd Sunday in Advent
12月6日	聖ニコラウスの祝日	St. Nicholas / Santa Claus
12月8日	無原罪の聖マリアの祝日	Immaculate Conception
12月12日(2004年)/12月11日(2005年)	待降節第3主日*	3rd Sunday in Advent
12月19日(2004年)/12月18日(2005年)	待降節第4主日*	4th Sunday in Advent
12月24日	クリスマス・イブ	Christmas Eve
12月25日	クリスマス	Christmas

解　説	参照する聖書の箇所
この日はAdvent wreathの2番目のろうそくに火を灯しますが，それは「ベツレヘムのろうそく」と呼ばれます．紫色のろうそくで，ベツレヘムの飼い葉桶の中で王が生まれたことを思い出させるものです．	
サンタクロースのイメージの原型となったミュラ(現在のトルコ)の司教，聖ニコラウスを記念する日．聖ニコラウスは，ギリシャ，子ども，花嫁，パン屋，商人，質屋，醸造業者，そして旅行者の守護の聖人です．	
聖母マリアが無原罪のまま母アンナの胎内に宿ったことを祝う日．人間はすべて原罪(original sin)によって汚れているが，ただ1人，マリアだけは母の胎内に宿ったときから，いかなる罪も免除されていた，という教義によります．特にこの聖母を守護の聖人としている国は，米国，ポルトガル，ブラジルです．	創世記3: 9-15, 20/ ルカによる福音書1: 26-38
この日は3番目のろうそくを灯しますが，それは「羊飼いのろうそく」と呼ばれます．それは，イエスが来られたことを知らせるために普通の人々の所に神が天使をつかわしたことを示しています．ピンク色をしているのは，神の愛と誠実さを示しています．	
4番目のろうそくを灯す日ですが，これは「天使のろうそく」と呼ばれます．神々しい天使たちが大きな喜びを見せてキリストの到来を宣言したからです．	イザヤ書7: 10-14/ マタイによる福音書1: 18-24/ ルカによる福音書2: 1-7
クリスマスの前夜祭．待降節の5本目のろうそくが灯されますが，これは「キリストのろうそく」と呼ばれます．また，教会や家庭で，キリスト生誕の場面を描いた飾り物(crèche)のまぐさ桶に新生児キリストの像が置かれます．	
キリスト降誕の祭日．この日は世界中で前夜からMidnight Mass(深夜ミサ)が行われ，また朝昼のミサも行われ，教会外の人も多数参加して	イザヤ書9: 1-6, 60: 13/ ルカによる福音書2: 1-20

月　日	名　称	英 語 名
12月26日	クリスマスの贈り物の日／最初の殉教者，聖ステファノの祝日	Boxing Day／St. Stephen, First Martyr
12月28日	幼子殉教者の祝日	Holy Innocents
12月26日（2004年）／12月30日（2005年）	聖家族の祝日*	Holy Family
12月31日	聖シルベストロ1世教皇の祝日	St. Sylvester

解　説	参照する聖書の箇所
クリスマス・キャロルなどが歌われ，祝賀が盛り上がります．昼食に家族と一緒に七面鳥を食べるのもよく知られた習慣です．	
英国本土や英連邦の一部では法定休日．昔，英国でこの日，雇い主が使用人に，あるいは一般家庭が配達の人などに1年の感謝をこめて贈り物が入った箱 Christmas boxes を贈るという習慣がありました．また，この日はクリスマスの期間に教会に備えられた alms boxes（慈善箱，施し物を入れる箱）を開けて，司祭たちが貧しい人々に分配する日でもありました．最近は，商店が冬の大売り出しを始める日です．また，この日は最初の殉教者聖ステファノ（St. Stephen）の祝日でもあります．この聖人は，ハンガリー，煉瓦工，石工の守護の聖人です．彼は石打の刑に処せられました．	使徒言行録 7：54-60
イエスが生まれた当時のユダヤの王ヘロデによって殺されたベツレヘムとその周辺の子どもたちの死を記念する日．	マタイによる福音書 2：1-18
クリスマス後の年内の日曜日，または年内に日曜日がないときは12月30日をカトリックでは聖家族の祝日として祝います．イエスとマリアとヨセフの3人の家族を信者家庭の模範として記念するものです．バルセロナにある聖家族教会（Sagrada Familia＝Holy Family）は，このようなシンボルにちなんだものです．	シラ書（集会の書）3：2-6, 12-14／マタイによる福音書 2：13-15, 19-23／ルカによる福音書 2：41-52／コロサイの信徒への手紙 3：12-21
ローマ皇帝コンスタンティヌスに洗礼を授けたと言われる教皇シルベストロ1世（在位 314-335）の命日にちなんだ祝日．この日は新年の前日（大晦日）ということもあり，フランス，ドイツなどでは教会の鐘，花火などで祝います．フランスでは，コンサートやショーなど大晦日の行事をこの名で呼びます．	

ユダヤ教の

月　日	名　称	英語名
4月6日(2004年)/4月24日(2005年)	過越の祝い	Passover/Pesach
5月26-27日(2004年)/6月13-14日(2005年)	五旬節／ペンテコステ	Shavuot/Shavuoth
9月16-17日(2004年)/10月4-5日(2005年)	ユダヤの新年祭	Rosh Hashana/Rosh Hashanah
9月25日(2004年)/10月13日(2005年)	贖いの日	Yom Kippur/Day of Atonement
9月30日-10月7日(2004年)/10月18-27日(2005年)	仮庵祭	Feast of Tabernacles/Succoth/Sukkot/Feast of Booths
12月8-15日(2004年)/12月26日-1月2日(2005年)	奉献祭／ユダヤ教の清めの祭	Hanukkah/Chanukkah/Feast of Dedication

主な祝祭日

解　説	参照する聖書の箇所
ユダヤ教の宗派によって7日(改革派)または8日(正統派および保守派)の間続く,ユダヤ教の大きな祝日.	レビ記23:1-37/民数記28-29/申命記16:1-8/マタイによる福音書26:17-19
過越の祝いの第2日後50日目に行われるもう一つの大きな祝日. Pentecost あるいは Feast of Weeks とも呼ばれます.	出エジプト記34:22/申命記16:9-12/使徒言行録2:1
ユダヤ暦の新年祭. 贖いの日(Yom Kippur)に終わる贖いの10日間の初日. ちなみに2004年はユダヤ暦の5765年, 2005年は5766年にあたります. 羊の角で作ったユダヤ軍のラッパ(shofar)を鳴らす日. 人々はshofarを聞いて悔い改めについて考え, 新年の幸福と繁栄を祈って蜜に浸したリンゴやパンを食べます.	レビ記23:24-25/エゼキエル書40:1
仕事を休んで苦行(断食)をし, 贖いの儀式を行う日.	レビ記16, 23:26-32, 25:9
ユダヤ教の仮庵祭. 収穫を祝うとともにユダヤ人たちがエジプト脱出後, 荒れ野をさまよって仮小屋に住んだ時期を記念する祭. この祭の間に食べる柑橘類の一種を Ethrog または esrog あるいは etrog といいます. ユダヤ教の大きな祝日.	レビ記23:33-44
マカバイ一族がシリア王国を破ってエルサレムの神殿を奪回し, 新たに神殿を奉献したことを記念する祭. このとき, 神殿にあった1日分の油が奇跡的に8日間灯り続けたことから, 8本のろうそくに点灯します. そして, この清めの祭には, ラートケ latke(おろしたジャガイモ, 玉ねぎに卵, 小麦粉などを混ぜこんで焼いたユダヤ料理)を食べます.	民数記7:10-11/詩編30, 113-118/ネヘミヤ記12:27/マカバイ記一4:59/ヨハネによる福音書10:22

英語表現索引

absolution 122
according to 184
Acts/The Acts of the Apostles/the Book of Acts 104, 197
To Adam and Eve it ⅰ
angel 136, 138, 142-147
 angel food cake, angel cake 138, 144
 angelic help 146, 147
 archangels 144
 guardian angels 143, 145, 146
Angelus Bell 76
Annunciation 76
Anointing of the Sick 128, 134
Antichrist 50, 51
Apocalypse 209-212
apocalyptic 211, 212
apostle, apostles 198, 204, 207
Armageddon 42-47, 49-51
Ash Wednesday 93, 94, 97, 99
babble of tongues 104
Babel of sounds 105
Baptism 128-130
To beat one's chest 124
beatify/beatification 114
The Beatitudes 188
behead 171
black sheep 139
Blessing/blessed/bless 60, 61, 114, 189, 190
Blessed are… 189
book
 the Book of Deuteronomy 167, 169
 the Book of Isaiah 172
 the Book of Leviticus 161

Books of Samuel 203
 the First Book of…/the Second Book of… 203
Bread
 …not live by bread alone 200
 bread and butter 202
 bread line 202
 breadwinner 202
 Breaking Bread/breaking of bread 197-199
 cast thy bread 200
breaking news/Breaking The News 197, 198
canonize/canonization/canonized 114, 115
Carnival 98
catechism 124
Christmas 80
 Christmas dinner 81
 Christmas star 80
confession/confessionals/confessor 122
Confirmation 128, 132
Contrition 124, 126
 Act of Contrition 124, 126, 127, 131
 contrition acts 126
crucify(crucified)/crucifix/crucifixion 93, 95, 101
David beats Goliath 12-16
demon 137, 139
devil 136-139
doomster 48
Easter 66, 92, 97, 101
 Easter holiday 103

Easter Monday 103
enlightening 29
epiphany 86-90
the Epistle of Paul/St.Paul
 204, 205, 207
Eucharist 128, 130
the Eve of All Hallows 110
the Eve of All Saint's Day 110
Evening Prayer (Vesper) 110
Evil eye 24-28
examination of conscience 131
Extreme Unction/Last rites
 135
Father/Everlasting Father 173
the First book of ⋯ 203
First Communion 130
the Five Books of Moses 153,
 168
galette des Rois 87
Genesis/genesis 55, 150-153,
 209, 210
Give me the genesis 153
Go, and sin no more 170
God i, 141, 182, 189, 206
 God is my help 9-11
 God bless you 190
 the God squad 186
 mouth of God 200
 to play God 56
 praising God 199
 so help you God 7, 8
 Thank God 60, 62, 63, 65
 God's anger 206
Gog and Magog 49
Golden calf 30, 31, 33, 35
 bull-calf 31
 gold bull 32
Golgotha (Calvary) 93
Good Friday 91, 92, 101
good news/the Good News
 104, 182
good thief ii
Gospel/gospel 104, 182-186,
 206
 the gospel according to ⋯
  184, 185
 take it as gospel 185
 gospel truth 182
 political gospel 185
 It's gospel 186
hagiography 114
Hail Mary 74-76
Halloween 110
heaven 142
 be in the seventh heaven 143
 heaven on earth 142
 match made in heaven 143
Historical Books 173
Holiday 109, 165
Holy Grail 17-22
Holy Orders 128, 134
Holy Saturday 100, 101
holy smoke 105-107
Holy Spirit 107, 132
Holy Thursday/Maundy Thursday
 100, 101, 103
Holy Week 67, 93, 100
icon/iconic 118-121
Immaculate Conception 77
in God's creation 113
In the beginning 151, 153, 154,
 182
It was good 54, 55, 57-59
Jeremiah/jeremiad 176
John the Baptist 37
King of kings 210
King James Version (Bible)
 183
Last Supper 20, 130, 199
the law 206

Where there is no law, there is no disobeying of the law 206
Lent 94, 97-99
Let it be done (FIAT) 79
Let there be light 154, 155
Letters/Letter to the Romans/Letter from(of) James 204
litany 116-118
Lord/Lords of Lords 181, 190, 210
 Lord's Prayer 75, 110
 Lord's Supper 128
Magi 86
Mardi Gras 99
Mass 130
the Mass of Ordination 134
matrimony 128, 133
Mea Culpa, Mea maxima culpa 122, 124
Messiah/messianic 172, 173
Michaelmas 144
Noel 81
omission 123
one bite at a time iii
Palm Sunday 66-71, 99, 100
Parables/parable 191, 196
 a parable about goodness 194
the Parable of the Good Samaritan 194, 241
the Parable of the Hidden Treasure 192
the Parable of the Mustard Seed 192
the Parable of the Prodigal Son 193
the Parable of the Sower 191
the Parable of the Tenants in the Vineyard 193

Passion 93, 94, 184
 Passion Play 94
Passover (Pesach/Pesah) 69, 156-159
 Passover food 159
 Happy Passover 158
 Happy Pesach 159
peacemaker 189, 190
penance/reconciliation 128, 131
Pentecost 104, 107
Pentecostals/Whitsuntide/Whitsun farthings 107
Pontius Pilate 95
Prince of Peace 173
Prophet 150
 Major/Minor prophets 173
Prophetic Books 173
Proverbs 177, 178
Psalms/Psalm-singing 113, 177, 181
Revelation/revelation 44, 209, 210
rod 177
 spares his rod 178
Sacrament 128-135
Sacred Heart 116
Saint/saint 110-115
All Saints' Day/the Feast of Allhallows/Hallowmas 110, 111, 114
Saint Patrick Day/St. Patrick Parade 112
Satan/satan 136, 141, 189
savior/Savior 172, 173
scapegoat 161-165
scripture/Holy Scriptures 206, 207
Seder/Seder Table 159
Sermon 187-189

Sermon on the Mount 187-189
Sermon on the Plain 188
sin 122-126
    capital sins/seven deadly sins/mortal sin/cardinal sins/venial sin 123, 126
    Father, I have sinned 122
smoke-money/smoke-penny 107
smoke-farthings/smoke silver 107
Solomon/solomonic decision/What Solomon…? 180
spirits of God 211
Spy Wednesday 101
Star of David 14
to stone/stoned to death/stoning 168-171
    cast the first stone 167
    casting stones 167

Testament/Old Testament/New Testament 152, 175
Twelfth-night 88
unveiling of Salome 36, 38
Via Dolorosa (Dolorous Way) 93
virgin birth/The Virgin Mary/The Virgin 77
Wash one's hands of (from)… 2-6
The Way of the Cross 92
Whit Monday 107
Whit Tuesday 107
Whitsun holiday 107, 108
Whitsun weekend 108
Whitsun-ale (church-ale) 107
Whitsunday/Whit Sunday 107
Whitsuntide/Whit week 107
Wisdom Books 173
Yom Kippur 162, 166
Zealot 48, 51-53

あとがき

　親愛なる読者のみなさん，この本を読み通してくださってありがとうございます．みなさんは，日頃熱心に外国語の勉強に取り組んでいらっしゃることと思いますが，本書を読了すれば，英語ばかりでなく他のキリスト教文化圏の外国語についても，マスターしたような気分を味わうことができると思います．

　たとえば，英語の "Good Samaritan" という言葉とその背景にある物語を知ることによって，フランス語やスペイン語やイタリア語の新聞やニュースで，Bon Samaritain とか，Buen Samaritano, Buon Samaritano などという言葉を見聞きすれば，その意味を即座に理解することができます．また，みなさんは，この本を通して『旧約聖書』の時代と『新約聖書』の時代を経験したのですから，今や Judeo-Christian (ユダヤ教とキリスト教)の世界について一通りの知識を身につけています．それは，みなさんにとって大きな満足となるだけでなく，国際的な理解を深めるという意味で，世界市民である私たちすべてのためになることです．

　私は企業の経営者や政府や自治体から，キリスト教文化についての講演を頼まれたり，企業の広報誌や月刊雑誌の編集者から，寄稿を頼まれることがあります．それはキリスト教を通して外国語や外国文化の常識を伝える

ためです．私は，自分がそのような活動に貢献できる機会を与えられたことを神に感謝します．なぜなら，このような知識は心広く寛容になりたいと望み，そのことを大切にするすべての人々にとってふさわしいものですし，外国の人々や文化に対する誤解や偏見を遠ざけてくれるものだからです．

　読者のみなさんを含め，このような人たちは，私たちの社会の希望であり，私のような人間にとっての希望でもあります．私のような人間というのは，み摂理(Providence)，つまり神のおはからいによって，故郷を遠く離れて新しい土地に定住しなければならなくなった人たちのことです．読者のみなさんや縁あって人生をともにすごした人たちのおかげで，私にとってこの新しい土地は，これ以上望み得ないほど良いところとなりました．

　このような人たちの中で，アルク出版『English Network』編集部の石渡淳元さん，木名瀬寿さん，大修館書店『英語教育』編集部の北村和香子さん，そして全体をまとめる上でアドバイスをいただいた岩波書店新書編集部の中西沢子さんには直々にお世話になり，とても感謝しています．私が，一冊の本としてこの本を読者に読んでいただけるようになったのは，こうしたすばらしい編集者たちとそのすぐれた国際感覚のおかげです．また，私がこの本を出すきっかけを作ってくれた雑誌『科学』の編集者や，岩波書店の他のお世話になった方たちに心から感謝いたします．

しかし，私の場合，自分の考えを筆にし，これをみなさんにお伝えすることができたのは，目瀬稔氏の翻訳という貴重なご協力があったおかげです．そして，私の敬愛する夫・石黒道兼の指導と毎日の翻訳照合・再照合といった，あらゆる犠牲を払っての愛と忍耐とがなかったら，本書が世に出ることはなかったでしょう．終生感謝の一語あるのみです．

最後に，本書を私の愛する母と天国にいる父，妹と弟，そしてその連れ合いや甥や姪と石黒家のみなさんに捧げます．この人たちの愛と祈りのおかげで私の仕事は続けられたのです．私にとって彼らは本当に天与の恵みです．

2004 年 7 月

　　　　　　　　　　　　　　　石黒マリーローズ

石黒マリーローズ

1943年レバノン・ベイルートに生まれる．聖ヨセフ大学哲学科卒業，アンスティテュー・カトリック・ドゥ・パリ大学修了．外交官の語学教授やクウェート王室付きの教師などを歴任．1972年来日し，翌年に日本人実業家と結婚．1983年レバノン文化教育センターを設立，館長となる．社会学と言語学の研究者で，大阪大学で教鞭をとりはじめ，

現在—英知大学教授，大阪教育大学講師

1989年神戸市の「国際交流賞」を受賞

著書—『キリスト教文化の常識』『キリスト教英語の常識』『「聖書」名表現の常識』(以上，講談社現代新書)，『聖書に学ぶ—いつのまにか人づきあいがうまくなる心の習慣』(PHP研究所)，『ちょっとお節介ですが』(時事通信社)ほか

聖書でわかる英語表現　　岩波新書(新赤版) 906

2004年 8 月20日　第 1 刷発行
2004年10月15日　第 2 刷発行

著　者　石黒マリーローズ
　　　　　いしぐろ

発行者　山口昭男

発行所　株式会社 岩波書店
　　　　〒101-8002 東京都千代田区一ツ橋 2-5-5

電　話　案内 03-5210-4000　販売部 03-5210-4111
　　　　新書編集部 03-5210-4054
　　　　http://www.iwanami.co.jp/

印刷・三陽社　カバー・半七印刷　製本・中永製本

Ⓒ Marie Rose Ishiguro 2004
ISBN 4-00-430906-9　Printed in Japan

岩波新書創刊五十年、新版の発足に際して

岩波新書は、一九三八年一一月に創刊された。その前年、日中戦争の全面化を強行し、国際社会の指弾を招いた。しかし、アジアに覇を求めた日本は、言論思想の統制をきびしくし、世界大戦への道を歩み始めていた。出版を通して学術と社会に貢献・尽力することを終始希いつづけた岩波書店創業者は、この時流に抗して、岩波新書を創刊した。創刊の辞は、道義の精神に則らない日本の行動を深憂し、権勢に媚び偏狭に傾く風潮と他を排撃する騒慢な思想を戒め、批判的精神と良心的行動に拠る文化日本の躍進を求めての出発であった。このような創刊の意は、戦時下においても時勢に迎合しない豊かな文化的教養の書を刊行し続けることによって、多数の読者に迎えられた。戦争は惨憺たる内外の犠牲を伴って終わり、戦時下に一時休刊のやむなきにいたった岩波新書も、一九四九年、装を赤版から青版に転じて、刊行を開始した。新しい社会を形成する気運の中で、自立的精神の糧を提供することを願っての再出発であった。赤版は一〇一点、青版は一千点の刊行を数えた。

一九七七年、岩波新書は、青版から黄版へ再び装を改めた。右の成果の上に、より一層の課題をこの叢書に課し、閉塞を排し、時代の精神を拓こうとする人々の要請に応えたいとする新たな意欲によるものであった。即ち、時代の様相は戦争直後とは全く一変し、国際的にも国内的にも大きな発展を遂げながらも、同時に混迷の度を深めて転換の時代を迎えたことを伝え、科学技術の発展と価値観の多元化は文明の意味が根本的に問い直される状況にあることを示していた。

その根源的な問いは、今日に及んで、いっそう深刻である。圧倒的な人々の希いと真摯な努力にもかかわらず、地球社会は核時代の恐怖から解放されず、各地に戦火は止まず、飢えと貧窮は放置され、差別は克服されず人権侵害はつづけられている。科学技術の発展は新しい大きな可能性を生み、一方では、人間の良心の動揺につながろうとする側面を持っている。溢れる情報によって、かえって人々の現実認識は混乱に陥り、ユートピアを喪いはじめている。わが国にあっては、いまなおアジア民衆の信を得ないばかりか、近年にいたって再び独善偏狭に傾く惧れのあることを否定できない。

豊かにして勁い人間性に基づく文化の創出こそは、今日、その希いは最も切実である。岩波新書が、その歩んできた同時代の現実にあって一貫して希い、目標としてきたところである。今日、その希いに応えて、三たび装を改めたのは、この切実な希いが、新世紀につながる時代への自覚によるものである。未来をになう若い世代の人々、現代社会に生きる男性・女性の読者、また創刊五十年の歴史を共に歩んできた経験豊かな年齢層の人々に、この叢書が一層の広がりをもって迎えられることを願って、初心に復し、飛躍を求めたいと思う。読者の皆様の御支持をねがってやまない。

（一九八八年一月）